Björn Ihloff

Erfolgreiches Kompetenzmanagement

Grundlagen, Methoden und Best Practices

Alle Rechte der Verbreitung, auch durch Film, Funk und Fernsehen, fotomechanische Wiedergabe, Tonträger, elektronische Datenträger und auszugsweisen Nachdruck, sind vorbehalten.

Für den Inhalt und die Korrektur zeichnet der Autor verantwortlich.

© united p. c. Verlag

Gedruckt in der Europäischen Union auf umweltfreundlichem, chlor- und säurefrei gebleichtem Papier.

www.united-pc.eu

Inhalt

1.	Einleitung	4
2.	Deine Standortbestimmung	5
3.	Ziele des Buches	8
4.	Von den Anfängen zur Agilität: Die Evolution des Kompetenzmanagements	10
5.	Grundlagen des Kompetenzmanagements	22
5.1	Hintergrund und Bedeutung des Kompetenzmanagements	22
5.2	Definitionen	24
6.	Kompetenzmanagement für Mitarbeiterys	29
6.1	Bedeutung des Kompetenzmanagements für dich als Mitarbeitery	29
6.2	Kompetenzmanagement für erfahrene Mitarbeiterys	30
6.3	Kompetenzentwicklung	31
6.4	Kompetenzorientierte Arbeitsgestaltung	39
6.5	Kompetenzsicherung und -nutzung	43
6.6	Kompetenzmanagement und Karriereplanung	48
7.	Kompetenzmanagement für Führungskräfte	50
7.1	Kompetenzorientierte Führung	50
7.2	Kompetenzanalyse und -entwicklung	55
7.3	Integration von Kompetenzmanagement in HR-Prozesse	62
7.4	Kompetenzmanagement im Change-Management	67
7.5	Kompetenzmanagement in der Teamarbeit	72
8.	Selbstmotivation als Schlüsselkompetenz im Kompetenzmanagement	77
8.1	Die Bedeutung von Selbstmotivation	77
8.2	Verständnis von Selbstmotivation	79
8.3	Vorstellung konkreter Methoden und Techniken zur Steigerung der Selbstmotivation	81
8.4	Umgang mit Herausforderungen und Rückschlägen	90
8.5	Selbstmotivation im Teamkontext	92

9.	Entwicklung eines Kompetenzmanagement-Modells	102
9.1	Analyse der Unternehmensstrategie	104
9.2	Analyse der Kompetenzanforderungen	105
9.3	Der Kompetenzkatalog und seine Bewertungskriterien	107
9.4	Kompetenzentwicklung	110
9.5	Kompetenzbewertung	111
9.6	Kompetenzbindung	111
9.7	Überwachung und Anpassung des Kompetenzmanagement-Modells	113
10.	Umsetzung von Kompetenzmanagement in der Praxis	115
10.1	Methoden und Instrumente des Kompetenzmanagements	115
10.2	Die 70:20:10 Methode	120
10.3	Erfolgsfaktoren und Herausforderungen bei der Einführung	122
11.	Kompetenzmanagement-Software	125
11.1	Funktionsweise von Kompetenzmanagementsoftware	126
11.2	Anforderungsprofile und Kompetenzkataloge	129
11.3	Mitarbeiterprofile und -entwicklung	132
11.4	Einsatzszenarien und Best Practices	134
11.5	Auswahl und Implementierung von Software	137
12.	Herausforderungen bei der Einführung von Kompetenzmanagement	140
12.1	Widerstände gegenüber Veränderungen	140
12.2	Schwierigkeiten bei der Umsetzung in der Praxis	145
12.3	Tipps für eine erfolgreiche Implementierung	149
13.	Personalgespräche führen	152
13.1	Besondere Formen von Personalgesprächen	152
13.2	Die Vorbereitung von Personalgesprächen	156
13.3	Die Durchführung von Personalgesprächen	158
13.4	Die Nachbereitung von Personalgesprächen	161
13.5	Praktische Tipps und Tools	163
14.	Fazit und Ausblick	169
14.1	Zusammenfassung der wichtigsten Erkenntnisse	169
14.2	Ausblick auf zukünftige Entwicklungen im Kompetenzmanagement	170

1. Einleitung

Liebes Lesery, das Buch, das du in den Händen hältst, wurde geschrieben, um dir ein umfassendes und detailliertes Verständnis für das Konzept des Kompetenzmanagements zu vermitteln. Mein Ziel ist es, dir eine Anleitung zur praktischen Umsetzung zu bieten. Da Kompetenzmanagement stark mit Personen verbunden ist, werde ich dich persönlich ansprechen und hoffe, dass du dich dadurch stärker mit dem Thema identifizierst und deine Motivation zur Umsetzung gestärkt wird.

Du wirst vielleicht im ersten Satz über die Bezeichnung "Lesery" gestolpert sein. In diesem Buch probiere ich den gendergegebenen Fallstricken der Sprache zu entgehen, indem ich dem Vorschlag des österreichischen Künstlers und Schriftstellers Hermes Phettberg folge. Für alle Personenbezeichnungen wird dabei der neutrale Artikel "das" verwendet, an den Wortstamm wird im Singular "-y" und im Plural "-ys" angehängt. Das bedeutet, dass aus "Leser*in" ein "Lesery" wird.

Dieses Buch besteht aus mehreren Kapiteln, die nicht direkt aufeinander aufbauen. Diese Struktur ermöglicht es dir, flexibel zu lesen und bestimmte Abschnitte bei Bedarf wieder aufzugreifen. Du wirst feststellen, dass sich einige Inhalte in den verschiedenen Kapiteln wiederholen, was durchaus beabsichtigt ist.

Warum ich die Wiederholung in den verschiedenen Kapiteln notwendig halte? Nun, das Konzept des Kompetenzmanagements ist facettenreich und komplex. Wiederholung hilft, dein Verständnis zu vertiefen und die Informationen besser zu behalten. Indem ich wichtige Konzepte in unterschiedlichen Zusammenhängen wiederholen, kannst du das Gelernte leichter im Gedächtnis verankern und später einfacher abrufen. Darüber hinaus ermöglicht dir die Wiederholung, Wissensfragmente aus verschiedenen Abschnitten miteinander zu verknüpfen. So erhältst du ein umfassenderes Gesamtbild des Kompetenzmanagements und bist besser vorbereitet, es in der Praxis erfolgreich umzusetzen.

2. Deine Standortbestimmung

Da du dieses Buch in den Händen hältst, bist du wahrscheinlich auf der Suche nach Werkzeugen oder Ideen, die dir helfen können, das komplexe Terrain des Kompetenzmanagements zu navigieren. Mit "Erfolgreiches Kompetenzmanagement" möchte ich dir nicht nur theoretisches Wissen vermitteln, sondern auch konkrete Schritte und praktische Ansätze zeigen, die deinen Erfolg unterstützen.

Vielleicht bist du ein aufstrebendes Profy, das seine persönlichen Fähigkeiten weiterentwickeln möchte, um sich in der dynamischen Arbeitswelt zu behaupten. Oder du bist ein engagiertes Fachkrafty, das seine beruflichen Kompetenzen erweitern möchte, um den nächsten Karriereschritt zu machen. Möglicherweise bist du ein erfahrenes Führungskrafty, das sein Team bestmöglich unterstützen und fördern will. Egal, wo du stehst, dieses Buch ist für dich geschrieben.

Für Unternehmerys bietet dieses Buch grundlegende Einblicke, wie du eine erfolgreiche Organisation aufbaust und führst. Für Mitarbeiterys hält es praxisnahe Tipps bereit, um individuelle Stärken gezielt weiterzuentwickeln. "Erfolgreiches Kompetenzmanagement" ist für jede Person gestaltet, die sich von den Herausforderungen und Möglichkeiten der modernen Arbeitswelt inspirieren lässt und konkrete Maßnahmen ergreifen möchte, um erfolgreich zu sein.

Um dir zu helfen, deinen aktuellen Standort im Bereich des Kompetenzmanagements zu bestimmen, habe ich dir die sieben Fragen zusammengestellt, die du auf den nächsten Seiten findest.

1. Wo stehe ich beruflich derzeit?
Mitarbeitery: Welche Position habe ich, und welche Verantwortlichkeiten trage ich? Welche spezifischen Kompetenzen und Fähigkeiten bringe ich bereits mit?

Führungskrafty: Welche Teams und Projekte leite ich? Welche Führungs- und Managementfähigkeiten besitze ich, und wie fördere ich die Entwicklung meines Teams?

2. Was sind meine beruflichen Ziele?

Mitarbeitery: Wo sehe ich mich in den nächsten drei bis fünf Jahren? Welche Kompetenzen muss ich entwickeln, um diese Ziele zu erreichen?

Führungskrafty: Welche strategischen Ziele verfolge ich für mein Team und mich selbst? Wie möchte ich meine Führungsfähigkeiten weiterentwickeln?

3. Welche Ressourcen stehen mir zur Verfügung?

Mitarbeitery: Habe ich Zugang zu Schulungen, Weiterbildungen oder Mentoring-Programmen? Welche Unterstützung kann ich in meinem Unternehmen oder Netzwerk finden?

Führungskrafty: Welche Ressourcen stehen mir für die Entwicklung meines Teams zur Verfügung? Welche Schulungsprogramme und Entwicklungsmaßnahmen kann ich nutzen, um meine Führungsqualitäten zu stärken?

4. Welche Herausforderungen sehe ich?

Mitarbeitery: Welche Hindernisse stehen meiner beruflichen Weiterentwicklung im Weg? Welche Strategien kann ich anwenden, um diese Herausforderungen zu meistern?

Führungskrafty: Welche Herausforderungen bestehen in der Führung meines Teams? Wie kann ich diese überwinden, um mein Team effektiv zu unterstützen und zu entwickeln?

5. Wie sieht mein berufliches Netzwerk aus?

Mitarbeitery: Wie gut ist mein berufliches Netzwerk ausgebaut? Welche Kontakte könnten mir bei meiner Weiterentwicklung helfen?

Führungskrafty: Wie kann ich das Netzwerk meines Teams stärken und neue Kontakte knüpfen, die uns weiterbringen?

6. Wie kann ich die Motivation und Zufriedenheit steigern?
Mitarbeitery: Was motiviert mich in meiner Arbeit? Wie kann ich meine Zufriedenheit und meine Motivation langfristig aufrechterhalten?

Führungskrafty: Wie kann ich die Motivation und Zufriedenheit in meinem Team fördern? Welche Maßnahmen sind dafür besonders effektiv?

7. Wie gehe ich mit Veränderungen um?
Mitarbeitery: Wie habe ich in der Vergangenheit auf Veränderungen reagiert? Welche Strategien haben mir geholfen, mich anzupassen?

Führungskrafty: Wie unterstütze ich mein Team in Zeiten des Wandels? Welche Methoden setze ich ein, um den Übergang zu erleichtern?

Indem du probierst, diese Fragen zu beantworten, gewinnst du ein klareres Bild deiner aktuellen Situation und deiner beruflichen Ziele. Diese Standortbestimmung wird dir helfen, die Inhalte dieses Buches gezielt anzuwenden und deine berufliche Entwicklung strategisch zu planen.

Mit einem offenen Geist und der Bereitschaft, Neues zu lernen, kannst du diese Reise beginnen. Kompetenzmanagement ist ein dynamischer und fortlaufender Prozess, der kontinuierliches Lernen und Anpassen erfordert. Mit den Werkzeugen und Methoden, die in diesem Buch vorgestellt werden, wirst du in der Lage sein, deine Kompetenzen systematisch zu entwickeln und deine beruflichen Ziele zu erreichen.

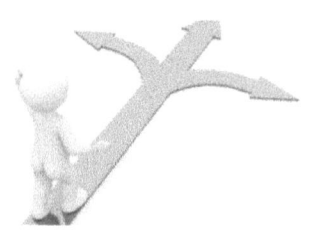

3. Ziele des Buches

Ein zentrales Ziel dieses Buches ist es, dir die Bedeutung und den Nutzen des Kompetenzmanagements näherzubringen. Ich werde ausführlich die verschiedenen Facetten dieses Themas behandeln, beginnend mit den Grundlagen und Definitionen bis hin zu aktuellen Entwicklungen. Dadurch wirst du in die Lage versetzt, die Relevanz des Kompetenzmanagements für dich selbst, dein Team, deinen Bereich und dein Unternehmen besser zu verstehen.

Das Buch bietet dir zahlreiche praxisnahe Ansätze und konkrete Handlungsempfehlungen. Es werden dir Methoden, Instrumente und bewährte Praktiken für das Kompetenzmanagement präsentiert, die du sofort in deinem Arbeitsalltag anwenden kannst. Sowohl als Mitarbeitery als auch als Führungskrafty wirst du spezifische Strategien und Maßnahmen kennenlernen. Neben theoretischem Wissen findest du auch praktische Tipps und Werkzeuge, um Kompetenzen zu identifizieren, zu entwickeln, in Arbeitsprozesse zu integrieren und effektiv zu nutzen. Dadurch soll dir das Buch einen umfassenden und praxisnahen Leitfaden bieten, der dir hilft, das Potenzial des Kompetenzmanagements voll auszuschöpfen und in deiner Organisation erfolgreich umzusetzen.

Ein weiteres Ziel dieses Buches ist es, dir zu ermöglichen, dein eigenes Kompetenzmanagement-Modell zu entwickeln und umzusetzen. Ich führe dich systematisch durch den Prozess der Analyse einer Unternehmensstrategie, helfe dir, die Kompetenzanforderungen zu identifizieren und einen umfassenden Kompetenzkatalog zu erstellen. Du wirst Bewertungskriterien und Methoden zur Kompetenzentwicklung, -bewertung und -bindung kennenlernen. Detaillierte Anleitungen unterstützen dich dabei, ein maßgeschneidertes Kompetenzmanagement-Modell zu erstellen und zu implementieren, das deinen spezifischen Anforderungen gerecht wird.

Darüber hinaus gebe ich dir Einblicke in den Einsatz von Kompetenzmanagement-Software. Ich erkläre die Funktionsweise solcher Softwarelösungen und zeige dir konkrete Anwendungsbeispiele. Du erfährst, wie du Anforderungsprofile und Kompetenzkataloge in einer Software abbilden kannst, um die Effizienz und

Transparenz des Kompetenzmanagements zu verbessern. Zusätzlich stelle ich dir Informationen zur Auswahl und Implementierung von Kompetenzmanagement-Software bereit, um dir bei der richtigen Auswahl und Integration einer geeigneten Lösung zu helfen.

Dieses Buch zielt auch darauf ab, dich dazu zu befähigen, kontinuierliches Lernen und Wachstum in deinem beruflichen Umfeld zu fördern. Ich möchte dir zeigen, wie du eine Lernkultur etablierst, die sowohl die individuelle als auch die organisatorische Weiterentwicklung unterstützt. Dabei geht es nicht nur um die Vermittlung von Wissen, sondern auch um das Schaffen eines Umfelds, in dem sich alle Mitarbeitery kontinuierlich verbessern können.

Ein besonderes Anliegen ist es mir, die Bedeutung von Selbstreflexion und Feedback im Rahmen des Kompetenzmanagements hervorzuheben. Durch regelmäßige Reflexion über die eigenen Stärken und Schwächen sowie durch konstruktives Feedback kannst du gezielt an deiner Weiterentwicklung arbeiten. Dieses Buch wird dir dabei helfen, diese Prozesse in deinen beruflichen Alltag zu integrieren und zu einem festen Bestandteil deiner beruflichen Praxis zu machen.

> " Jeder möchte erfolgreich sein. Was zählt ist weder Wunsch noch Wille, allein die Taten führen zum Erfolg."
>
> Michael Jordan

4. Von den Anfängen zur Agilität: Die Evolution des Kompetenzmanagements

Bevor ich dich auf deiner Reise durch die Welt des Kompetenzmanagements begleite, lass uns einen kurzen Blick zurückwerfen, denn Kompetenzmanagement ist keine Errungenschaft des 20. oder 21 Jahrhunderts. In jeder menschlichen Epoche spielten die Identifikation, Entwicklung und Nutzung individueller Fähigkeiten eine entscheidende Rolle.

In der Steinzeit, obwohl keine formalisierten Konzepte des modernen Kompetenzmanagements existierten, waren individuelle Fähigkeiten von entscheidender Bedeutung für das Überleben von Gemeinschaften. Frühmenschliche Jäger und Sammler entwickelten spezifische Fertigkeiten wie das Herstellen von Werkzeugen, das Jagen von Tieren und das Sammeln von Pflanzen, um ihre Gemeinschaften zu versorgen. Hierbei wurden informelle Mechanismen verwendet, um herauszufinden, wer in welchen Fähigkeiten besonders geschickt oder erfahren war.

Diese informellen Mechanismen könnten Beobachtungen im täglichen Leben, das Lernen durch Nachahmung und die direkte Weitergabe von Wissen durch erfahrenere Mitglieder der Gemeinschaft umfasst haben. Junge Mitglieder lernten durch Beobachtung und Nachahmung der Erwachsenen, und diejenigen, die besondere Geschicklichkeit in bestimmten Bereichen zeigten, wurden ermutigt, diese Fähigkeiten weiterzuentwickeln. Ältere und erfahrenere Mitglieder spielten eine zentrale Rolle als Lehrer und Mentoren, die ihr Wissen und ihre Fertigkeiten an die jüngeren Generationen weitergaben.

Außerdem könnte die Verteilung der Aufgaben innerhalb der Gruppe auf den Stärken und Fähigkeiten der Einzelnen basieren. Wer besonders gut im Spurenlesen, im Bau von Unterkünften oder im Pflanzenwissen war, übernahm wahrscheinlich oft entsprechende Aufgaben. Diese Spezialisierung innerhalb der Gemeinschaft trug dazu bei, die Effizienz und das Überleben der Gruppe zu steigern.

Mit dem Fortschreiten der zivilisatorischen Entwicklung etablierten die Ägypter während des Baus der Pyramiden bereits rudimentäre Formen des Kompetenzmanagements. Es gab eine klare Hierarchie von Fertigkeiten und Spezialisierungen, wobei unterschiedliche Arbeitskräfte für spezifische Aufgaben und Handwerke verantwortlich waren. Diese Struktur ermöglichte den effizienten Bau beeindruckender Bauwerke.

Abseits der direkten Bauarbeiten gab es eine Vielzahl anderer spezialisierter Tätigkeiten, die das Bauprojekt unterstützten und das Wohl der Arbeiter sicherstellten. Zum Beispiel waren Bäcker und Brauer dafür verantwortlich, die Arbeiter mit Nahrung und Getränken zu versorgen. Brotbacken und Bierbrauen waren essenzielle Aufgaben, da Brot und Bier Grundnahrungsmittel im alten Ägypten waren. Diese Nahrungsmittel lieferten die notwendige Energie für die schweren körperlichen Arbeiten und trugen zur allgemeinen Gesundheit und Moral der Arbeiter bei.

Medizinische Fachkräfte kümmerten sich um Verletzungen und Krankheiten, die bei den gefährlichen Bauarbeiten häufig vorkamen. Diese Heiler verwendeten eine Mischung aus Kräutermedizin und frühen chirurgischen Techniken, um die Arbeiter zu behandeln und ihre Arbeitsfähigkeit zu erhalten.

Ebenso wichtig waren die Verwalter und Logistiker, die für die Beschaffung und Verteilung von Ressourcen sorgten. Sie stellten sicher, dass Materialien wie Steine, Werkzeuge und Nahrungsmittel rechtzeitig und in ausreichender Menge zur Verfügung standen. Diese Verwaltungstätigkeiten waren entscheidend für die Aufrechterhaltung des Arbeitsflusses und die Vermeidung von Engpässen.

Noch im Mittelalter wurden bei der Errichtung von Kathedralen ähnliche Prinzipien angewendet. Hier spielte die Zunftstruktur eine zentrale Rolle. Handwerker und Baumeister organisierten sich in Zünften, um Fähigkeiten zu teilen, Lehrlinge auszubilden und die Qualität der Arbeit zu gewährleisten. Dieses System diente dazu, individuelle Fertigkeiten zu identifizieren und weiterzugeben.

Die Zünfte spielten eine wesentliche Rolle dabei, die Fähigkeiten ihrer Mitglieder zu erkennen und zu fördern. In einer Zunft begann ein junger Handwerker seine Karriere typischerweise als Lehrling. Dieser Status bedeutete, dass er unter der Anleitung eines erfahrenen Meisters lernte. Der Meister beobachtete den Lehrling sorgfältig und identifizierte dabei seine Stärken und Schwächen. Durch tägliche Praxis und Anleitung wurde der Lehrling in den verschiedenen Aspekten seines Handwerks ausgebildet. Diese direkte und kontinuierliche Beobachtung ermöglichte es, die individuellen Talente und Fähigkeiten der Lehrlinge zu erkennen und gezielt zu fördern.

Während dieser Ausbildungszeit erhielten die Lehrlinge nicht nur praktische Fähigkeiten, sondern auch theoretisches Wissen. Sie lernten alles über Materialien, Werkzeuge und Techniken, die für ihr Handwerk notwendig waren. Dies erfolgte oft durch mündliche Überlieferungen und durch die direkte Demonstration durch den Meister. Auf diese Weise wurde das Wissen von Generation zu Generation weitergegeben.

Nach Abschluss der Lehrzeit und erfolgreicher Demonstration ihrer Fähigkeiten durch Prüfungen oder durch das Erstellen eines Gesellenstücks, wurden die Lehrlinge zu Gesellen. Als Gesellen hatten sie mehr Verantwortung und arbeiteten eigenständiger, wurden aber weiterhin von den Meistern überwacht und erhielten Feedback zu ihrer Arbeit. Diese kontinuierliche Weiterbildung und praktische Erfahrung waren entscheidend, um ihre Fähigkeiten weiter zu verfeinern und sich auf eine mögliche Zukunft als Meister vorzubereiten.

Ein weiterer Aspekt der Identifizierung und Förderung individueller Fähigkeiten war die regelmäßige Teilnahme an Zunftversammlungen und der Austausch mit anderen Handwerkern. Diese Treffen boten Gelegenheiten, sich über neue Techniken auszutauschen, Herausforderungen zu besprechen und voneinander zu lernen. Durch diese kollektive Wissensbasis konnten die Handwerker ihre Fähigkeiten ständig erweitern und an die neuesten Entwicklungen in ihrem Handwerk anpassen.

Mit dem Übergang zum industriellen Zeitalter im 19. Jahrhundert verlagerte sich der Fokus auf die Massenproduktion. In den Fabriken des industriellen Zeitalters wurden die Arbeitsprozesse zunehmend standardisiert, um die Effizienz und Produktivität zu maximieren. Die Einführung von Fließbandarbeit durch Unternehmen wie Ford bedeutete, dass Arbeiter oft auf spezifische, wiederholbare Aufgaben beschränkt waren. Dieser Ansatz ermöglichte es, die Produktionskosten zu senken und die Output-Menge zu erhöhen. Allerdings führte diese Spezialisierung auch dazu, dass viele individuelle Fähigkeiten und Talente der Arbeiter nicht voll ausgeschöpft wurden, da die meisten Tätigkeiten keine umfassende handwerkliche Fertigkeit mehr erforderten.

Zum Ende des 19 Jahrhunderts zeigten sich wieder zunehmend die Bemühungen auch individuelle Fähigkeiten zu identifizieren und zu nutzen. Dies wurde insbesondere durch die aufkommende Human-Relations-Bewegung gefördert, die die Bedeutung sozialer Beziehungen und der individuellen Zufriedenheit am Arbeitsplatz hervorhob.

Von 1924 bis 1932 wurden in der Hawthorne-Fabrik der Western Electric Company in Chicago Studien durchgeführt, die herausfinden sollten, wie die Leistung der Arbeiter gesteigert werden könnte. Dabei entdeckten die Forscher interessante psychologische Zusammenhänge. Im Verlauf der Studien zeigte sich, dass allein die Anwesenheit der Wissenschaftler und somit das Bewusstsein der Arbeiter, als Teil eines Experiments unter Beobachtung zu stehen, deren Leistung steigerte. Diese Tatsache beschrieben die Forscher als Hawthorne-Effekt.
Der australische Soziologe Elton Mayo war ab 1927 als Interviewer in die Studien einbezogen. In den 30er Jahren entwickelte Mayo Verfahren, die die zwischenmenschlichen Beziehungen in Betrieben verbessern sollten. Im Verlauf weiterer Hawthorne-Studien befragten geschulte Interviewer Mitarbeiterys und führten sehr persönliche Gespräche mit ihnen. Ziel war es, die Kooperationsbereitschaft der Arbeiter zu fördern und ihr Zugehörigkeitsgefühl zum Unternehmen zu stärken.

Aus den Ergebnissen der Hawthorne-Studien resultierte schließlich der Human-Relations-Ansatz, der davon ausgeht, dass Arbeitern viel mehr an der Veränderung von sozialen und emotionalen Faktoren ihrer Arbeitsbedingungen, insbesondere des Führungsstils, gelegen ist als an Lohnsteigerungen. Kritiker der Hawthorne-Studien halten deren Datenbasis und die daraus extrahierten Schlussfolgerungen aufgrund des Untersuchungsdesigns allerdings für nicht verlässlich.

Elton Mayo und die Hawthorne-Studien hatten bedeutende Auswirkungen auf die Entwicklungen im Bereich der Unternehmensführung und des Kompetenzmanagements. Sie betonen, dass Anerkennung, soziale Interaktion und das Gefühl, wertgeschätzt zu werden, wesentliche Faktoren für die Produktivität und das Wohlbefinden der Arbeiter sind. In diesem Kontext begannen Unternehmen, mehr Wert auf die Identifikation und Förderung individueller Fähigkeiten zu legen. Es wurde erkannt, dass die Motivation und Zufriedenheit der Arbeiter gesteigert werden konnten, wenn ihre spezifischen Talente und Fähigkeiten anerkannt und genutzt wurden.

Um die individuellen Fähigkeiten der Arbeiter besser zu identifizieren, wurden verschiedene Methoden eingesetzt. Dazu gehörten systematische Leistungsbeurteilungen, bei denen die Stärken und Schwächen der Mitarbeiterys bewertet wurden. Schulungsprogramme und Weiterbildungen wurden eingeführt, um die Fähigkeiten der Arbeiter zu erweitern und ihnen Aufstiegsmöglichkeiten innerhalb des Unternehmens zu bieten. Zudem wurden Teamarbeit und kollaborative Projekte gefördert, um die sozialen Interaktionen und die kollektive Nutzung von Fähigkeiten zu stärken.

In den 1950er- und 1960er-Jahren entwickelte sich das Personalmanagement zu einer eigenständigen Funktion in Unternehmen. Instrumente und Verfahren wurden eingeführt, um die Einstellung, Schulung und Entwicklung von Mitarbeiterys zu strukturieren. Diese Zeit markierte den Beginn einer systematischen und professionellen Herangehensweise an das Management von Arbeitskräften, was dazu beitrug, die Effizienz und Effektivität der Personalabteilungen zu steigern.

In den 1980er-Jahren entstand das Konzept des modernen Kompetenzmanagements als Reaktion auf die steigende Komplexität der Arbeitswelt. Unternehmen erkannten zunehmend, dass neben technischen Fähigkeiten auch soziale Kompetenzen entscheidend für den Erfolg im Beruf sind. Der moderne Ansatz des Kompetenzmanagements betonte die Notwendigkeit, sowohl fachliche als auch zwischenmenschliche Fähigkeiten zu identifizieren, zu entwickeln und zu nutzen.

Dieser Ansatz führte zur Entwicklung neuer Methoden und Tools, um die Fähigkeiten der Mitarbeiterys systematisch zu bewerten und zu fördern. Leistungsbeurteilungen, Kompetenzmodelle und individuelle Entwicklungspläne wurden eingeführt, um sicherzustellen, dass Mitarbeiterys nicht nur die notwendigen technischen Fähigkeiten besitzen, sondern auch über die sozialen und emotionalen Kompetenzen verfügen, die für eine erfolgreiche Zusammenarbeit und Führung erforderlich sind.

Die wachsende Anerkennung der Bedeutung sozialer Kompetenzen führte zu einem umfassenderen Verständnis von beruflicher Entwicklung. Unternehmen investierten vermehrt in Schulungsprogramme, Teambuilding-Maßnahmen und Coaching, um die zwischenmenschlichen Fähigkeiten ihrer Mitarbeiterys zu stärken. Diese ganzheitliche Sichtweise trug dazu bei, die Arbeitszufriedenheit zu erhöhen, die Teamdynamik zu verbessern und letztlich die Gesamtleistung des Unternehmens zu steigern.

Die Herausforderungen der Globalisierung in den 1990er-Jahren unterstrichen die Notwendigkeit von interkulturellen Kompetenzen. Unternehmen mussten sich zunehmend in internationalen Märkten behaupten, was die Fähigkeit erforderte, effektiv mit Menschen aus verschiedenen Kulturen zu kommunizieren und zusammenzuarbeiten. Interkulturelle Kompetenz wurde zu einem entscheidenden Faktor für den Erfolg global agierender Unternehmen. Schulungen und Programme zur Förderung dieser Fähigkeiten wurden in vielen Organisationen implementiert, um Mitarbeiterys auf die Zusammenarbeit in multinationalen Teams vorzubereiten und kulturelle Unterschiede zu überbrücken.

Gleichzeitig führten technologische Entwicklungen, insbesondere in den 2000er-Jahren, zu neuen Methoden des Kompetenzmanagements. Mit dem Aufkommen des Internets und fortschrittlicher digitaler Technologien entstanden Online-Plattformen und digitale Schulungstools, die den Zugang zu Lernressourcen revolutionierten. Diese Plattformen ermöglichten es Unternehmen, Schulungsprogramme effizienter und kostengünstiger durchzuführen, Mitarbeiterys unabhängig von ihrem Standort zu schulen und kontinuierliche Weiterbildung zu fördern.

E-Learning-Module, Webinare und virtuelle Klassenzimmer wurden zunehmend populär und boten flexible und interaktive Lernmöglichkeiten. Diese digitalen Tools erleichterten nicht nur den Zugang zu Schulungen, sondern ermöglichten auch eine individuelle Anpassung der Lerninhalte an die spezifischen Bedürfnisse und Fähigkeiten der Mitarbeiterys. Dadurch konnten Unternehmen gezielter und effizienter in die Entwicklung ihrer Belegschaft investieren.

Darüber hinaus förderten soziale Medien und Online-Kollaborationsplattformen den Wissensaustausch und die Zusammenarbeit innerhalb von Unternehmen und zwischen global verteilten Teams. Mitarbeiterys konnten ihr Wissen und ihre Erfahrungen teilen, voneinander lernen und gemeinsam an Projekten arbeiten, unabhängig von geografischen Grenzen. Diese technologische Vernetzung trug wesentlich zur Entwicklung einer lernenden Organisation bei, in der Wissen und Kompetenzen kontinuierlich weiterentwickelt und angepasst wurden.

Heute, in der VUKA-Welt des 21. Jahrhunderts, ist Kompetenzmanagement zu einer strategischen Funktion geworden. Unternehmen betonen die Bedeutung von Agilität, lebenslangem Lernen und Anpassungsfähigkeit, um in einem sich schnell verändernden Umfeld erfolgreich zu sein.

Die VUKA-World bezieht sich auf eine Umgebung, die durch die Merkmale Volatilität (Volatility), Unsicherheit (Uncertainty), Komplexität (Complexity) und Ambiguität (Ambiguity) gekennzeichnet ist. Diese Begriffe wurden geprägt, um die

Herausforderungen und Veränderungen in der heutigen Welt zu beschreiben, insbesondere im Kontext von Wirtschaft, Technologie und Gesellschaft. Hier ist eine Erklärung jedes Elements der VUKA-World:

Volatilität (Volatility): Volatilität bezieht sich auf die Schnelligkeit und das Ausmaß von Veränderungen in einer Umgebung. In einer volatilen Welt ändern sich Rahmenbedingungen rasch und unvorhersehbar, was die Planung und Anpassung erschwert.

Unsicherheit (Uncertainty): Unsicherheit beschreibt das Fehlen von klaren Informationen oder die Schwierigkeit, zukünftige Ereignisse vorherzusagen. In einer unsicheren Umgebung können traditionelle Planungs- und Entscheidungsmodelle ineffektiv sein.

Komplexität (Complexity): Komplexität bezieht sich auf die Vielfalt von Elementen in einem System und die Schwierigkeit, die Interaktionen zwischen diesen Elementen zu verstehen. In einer komplexen Umgebung können einfache Ursache-Wirkungs-Beziehungen fehlen, was die Analyse und das Management erschwert.

Ambiguität (Ambiguity): Ambiguität bezieht sich auf die Unklarheit und Vieldeutigkeit von Informationen. In einer ambigen Umgebung können Daten mehrdeutig sein, was die Interpretation und Nutzung erschwert.

Die VUKA-Welt stellt Unternehmen und Organisationen vor Herausforderungen, die traditionelle Managementansätze in Frage stellen. Um in einer solchen Umgebung erfolgreich zu agieren, müssen Organisationen flexibler, anpassungsfähiger und innovativer sein. Führungskraftys und Teams müssen in der Lage sein, Unsicherheit zu akzeptieren, mit Komplexität umzugehen und auf volatilen Veränderungen schnell zu reagieren.

Die Begriffe der VUKA-Welt sind oft mit dem Begriff der Agilität verbunden, der eine organisatorische Herangehensweise betont, die auf Flexibilität, schneller Anpassung und kontinuierlichem Lernen basiert. Unternehmen, die in der Lage sind, in der VUKA-Welt erfolgreich zu sein, zeichnen sich oft durch ihre Fähigkeit aus, Veränderungen nicht nur zu antizipieren, sondern auch proaktiv darauf zu reagieren.

Die historische Betrachtung des Kompetenzmanagements zeigt, dass die Identifikation, Entwicklung und Nutzung von individuellen Fähigkeiten eine konstante Herausforderung und Notwendigkeit für den Erfolg von Gemeinschaften und Organisationen war und auch heute noch ist. In der Steinzeit sicherte die gezielte Nutzung von Fähigkeiten wie Jagen, Sammeln und Werkzeugherstellung das Überleben ganzer Gemeinschaften. Diese Fähigkeiten wurden durch Beobachtung und praktische Erfahrung weitergegeben, was die Grundlage für die spätere Spezialisierung in verschiedenen Handwerken bildete.

Während des Baus der Pyramiden im alten Ägypten und der Kathedralen im Mittelalter spielte die strukturierte Identifikation und Weitergabe von Fähigkeiten eine zentrale Rolle. Die Ägypter nutzten spezialisierte Teams und klare Hierarchien, um den Bau komplexer Bauwerke effizient zu gestalten. Im Mittelalter organisierten sich Handwerker in Zünften, die die Ausbildung von Lehrlingen und die Qualität der Arbeit sicherstellten. Diese Systeme ermöglichten es, individuelle Talente zu erkennen und optimal einzusetzen.

Bedeutung in der heutigen Zeit:
Praktische Ausbildung: Die Bedeutung des "Learning by Doing" bleibt relevant. Praktische Erfahrung und On-the-Job-Training sind heute genauso wichtig wie damals.

Mentoring und Coaching: Die direkte Weitergabe von Wissen durch erfahrene Personen ist nach wie vor ein effektiver Weg, um Fähigkeiten zu entwickeln.

Im industriellen Zeitalter verlagerte sich der Fokus auf standardisierte Arbeitsprozesse und Massenproduktion. Trotz dieser Spezialisierung erkannten Unternehmen, beeinflusst durch die Hawthorne-Studien und die Arbeiten von Elton Mayo, die Bedeutung sozialer und emotionaler Faktoren für die Arbeitsleistung. Die Human-Relations-Bewegung betonte, dass Anerkennung und soziale Interaktion entscheidend für die Produktivität und das Wohlbefinden der Arbeiter sind. Unternehmen begannen, systematisch die individuellen Fähigkeiten ihrer Mitarbeiterys zu identifizieren und zu fördern.

Bedeutung in der heutigen Zeit:
Effizienz vs. Menschlichkeit: Eine Balance zwischen effizienter Prozessgestaltung und der Berücksichtigung menschlicher Bedürfnisse ist entscheidend. Unternehmen sollten sowohl technische als auch soziale Aspekte der Arbeit optimieren.

Mitarbeiterengagement: Die Erkenntnis, dass Mitarbeiterzufriedenheit und soziale Beziehungen am Arbeitsplatz entscheidend für die Leistung sind, hat moderne Ansätze wie das Employee Engagement und das Wohlfühlmanagement inspiriert.

In den 1950er- und 1960er-Jahren etablierte sich das Personalmanagement als eigenständige Funktion, die die Strukturierung von Einstellung, Schulung und Entwicklung von Mitarbeiterys ermöglichte. In den 1980er-Jahren entstand das moderne Kompetenzmanagement, das neben technischen auch die sozialen Kompetenzen betonte.

Bedeutung in der heutigen Zeit:
Ganzheitliches Kompetenzmanagement: Ein integrierter Ansatz, der sowohl technische als auch soziale Kompetenzen umfasst, ist für den heutigen Geschäftserfolg unerlässlich.

Individuelle Entwicklung: Personalentwicklung sollte auf die individuellen Bedürfnisse und Fähigkeiten der Mitarbeiterys zugeschnitten sein.

Die Herausforderungen der Globalisierung in den 1990er-Jahren machten interkulturelle Kompetenzen unverzichtbar. Technologische Entwicklungen in den 2000er-Jahren führten zu neuen Methoden des Kompetenzmanagements, darunter Online-Plattformen und digitale Schulungstools. Diese Technologien ermöglichten eine effizientere und flexiblere Weiterbildung und förderten den Wissensaustausch innerhalb globaler Teams.

Bedeutung in der heutigen Zeit:
Interkulturelle Kompetenzen: In einer globalisierten Wirtschaft sind kulturelle Sensibilität und die Fähigkeit zur Zusammenarbeit in internationalen Teams entscheidend.

Technologiegestützte Weiterbildung: Online-Plattformen und digitale Schulungstools bieten flexible und skalierbare Lernmöglichkeiten. Unternehmen sollten diese Technologien nutzen, um kontinuierliches Lernen zu fördern und Wissensbarrieren abzubauen.

Mit der zunehmenden Komplexität der Arbeitswelt in der VUKA-Welt (Volatilität, Unsicherheit, Komplexität und Ambiguität) wird das Kompetenzmanagement noch wichtiger. Organisationen müssen flexibel und anpassungsfähig sein, um auf schnelle Veränderungen und unvorhersehbare Herausforderungen reagieren zu können. Dies erfordert nicht nur technische und soziale Kompetenzen, sondern auch die Fähigkeit, in einem dynamischen Umfeld effektiv zu navigieren.

Bedeutung in der heutigen Zeit:
Anpassungsfähigkeit und Resilienz: In einer VUKA-Welt ist die Fähigkeit, sich schnell an Veränderungen anzupassen und Resilienz zu zeigen, entscheidend. Unternehmen müssen Mitarbeiterys unterstützen, diese Kompetenzen zu entwickeln.

Agilität und Innovation: Agile Arbeitsmethoden und eine Kultur der Innovation sind notwendig, um in einem volatilen und komplexen Umfeld erfolgreich zu sein. Kompetenzmanagement sollte darauf abzielen, diese Fähigkeiten zu fördern.

Heute ist das Kompetenzmanagement entscheidend für den Erfolg von Organisationen in einer zunehmend komplexen und vernetzten Welt. Die kontinuierliche Identifikation, Entwicklung und Nutzung individueller Fähigkeiten bleiben eine zentrale Aufgabe, um den Herausforderungen der modernen Arbeitswelt gerecht zu werden und den langfristigen Erfolg zu sichern. Die historischen Lehren zeigen, dass die Kombination von technischer Effizienz und menschlicher Zufriedenheit die Grundlage für nachhaltige Erfolge bildet. Durch die Anpassung und Weiterentwicklung bewährter Praktiken können Unternehmen ihre Strategien im Kompetenzmanagement optimieren, um sowohl die Produktivität zu steigern als auch ein positives Arbeitsumfeld zu schaffen. Diese Erkenntnisse sind heute ebenso relevant wie in den Anfängen der Menschheitsgeschichte und werden es wohl auch in Zukunft bleiben.

> " Die heutige Arbeit erledigen wir mit Werkzeugen aus der Vergangenheit. Aber unser Verstand produziert damit Produkte für die Zukunft.."
>
> Klaus Seibold

5. Grundlagen des Kompetenzmanagements

5.1 Hintergrund und Bedeutung des Kompetenzmanagements

Kompetenzmanagement umfasst die systematische Planung, Entwicklung, Steuerung und Bewertung von Kompetenzen innerhalb einer Organisation. Es stellt sicher, dass die notwendigen Fähigkeiten, Kenntnisse und Fertigkeiten vorhanden sind, um die Organisationsziele zu erreichen und den Marktanforderungen gerecht zu werden. Der Prozess beginnt mit der Analyse der Anforderungen, gefolgt von der Bewertung der vorhandenen Kompetenzen, der Identifikation von Kompetenzlücken und der gezielten Kompetenzentwicklung, bis hin zur langfristigen Bindung und dem Erhalt dieser Kompetenzen im Unternehmen.

Ein systematisches Kompetenzmanagement gewährleistet, dass sowohl du als auch deine Mitarbeiterys die nötigen Fähigkeiten besitzen, um die gesetzten Ziele im Rahmen der vorgegebenen Strategie zu realisieren. Zu den wichtigsten Vorteilen gehören:

1. Steigerung der Produktivität und Qualität
Wenn Mitarbeiterys über die erforderlichen Kompetenzen verfügen, können sie ihre Aufgaben effektiver und effizienter erledigen. Dies kann zu einer höheren Produktivität und einer besseren Qualität der Arbeit führen.

2. Verbesserung der Mitarbeiterzufriedenheit und Motivation
Wenn Mitarbeiterys die Möglichkeit haben, ihre Kompetenzen zu entwickeln und zu erweitern, führt dies oft zu einer höheren Mitarbeiterzufriedenheit und Motivation. Die Mitarbeiterys fühlen sich geschätzt und können sich beruflich weiterentwickeln.

3. Reduzierung von Fehlern und Risiken
Durch gezielte Schulungen und Trainings können Mitarbeiterys auf neue Anforderungen und Technologien vorbereitet werden. Dies kann dazu beitragen, Fehler zu reduzieren und Risiken zu minimieren.

4. Flexibilität und Anpassungsfähigkeit

Eine Organisation mit einem effektiven Kompetenzmanagement kann schnell auf Veränderungen im Markt und in der Branche reagieren, indem sie die Kompetenzen ihrer Mitarbeiterys entsprechend anpasst.

5. Wettbewerbsvorteil

Durch gezielte Investitionen in das Kompetenzmanagement können Organisationen auch einen Wettbewerbsvorteil erlangen, indem sie sich durch ihre qualifizierten und kompetenten Mitarbeiterys von der Konkurrenz abheben.

Ein erfolgreicher Kompetenzmanagementprozess beginnt mit der Identifikation der erforderlichen Kompetenzen für jede Position oder Rolle innerhalb deiner Organisation. Dies kann durch die Erstellung von Kompetenzprofilen oder Jobbeschreibungen erfolgen. Deine Mitarbeiterys können anschließend durch Schulungen, Weiterbildungen, Mentoring oder Coaching entwickelt werden, um ihre Fähigkeiten zu verbessern und aktuell zu halten.

Regelmäßige Kompetenzbewertungen ermöglichen es dir festzustellen, ob deine Mitarbeiterys die erforderlichen Kompetenzen für ihre aktuellen oder zukünftigen Positionen besitzen. Durch die Identifikation möglicher Lücken kannst du gezielte Schulungen oder Entwicklungsmöglichkeiten bereitstellen, damit deine Mitarbeiterys die benötigten Kompetenzen erwerben und ihre Aufgaben effektiver erfüllen können.

Kompetenzmanagement trägt zudem zur Verbesserung der Flexibilität und Agilität deiner Organisation bei. Mit den notwendigen Kompetenzen könnt ihr schneller auf sich ändernde Anforderungen reagieren, wodurch eure Wettbewerbsfähigkeit steigt und ihr euch besser an Veränderungen in der Marktumgebung anpassen könnt.

5.2 Definitionen

Im folgenden Abschnitt werden wir uns einen grundlegenden Überblick über wichtige Begriffe und Konzepte im Zusammenhang mit dem Thema Kompetenzmanagement verschaffen. Hier werde ich zentrale Begriffe klar definieren und erklären, um eine solide Basis für das weitere Verständnis zu schaffen. Du wirst einen klaren Einblick in die verschiedenen Termini erhalten, die im Verlauf des Buches eine bedeutende Rolle spielen.

5.2.1 Kompetenzmodell

Ein Kompetenzmodell ist eine strukturierte Auflistung von Fähigkeiten, die für eine Organisation, Tätigkeit oder Rolle relevant sind. Jede Kompetenz wird durch spezifische Verhaltensweisen oder Merkmale beschrieben. Zusätzlich können verschiedene Kompetenzstufen oder -grade enthalten sein, um den Entwicklungsstand oder die Expertise eines Mitarbeitery zu erfassen.

Kompetenzmodelle finden Anwendung in verschiedenen Bereichen und Branchen, wie zum Beispiel in der Bildung, Personalentwicklung, im Performance Management, Personalmanagement und in der Karriereplanung. Sie können sowohl auf persönlicher als auch auf organisatorischer Ebene genutzt werden.

5.2.2 Kompetenzen

Kompetenzen umfassen die Gesamtheit der Fähigkeiten, Kenntnisse und Einstellungen einer Person, die es ihr ermöglichen, bestimmte Aufgaben und Anforderungen erfolgreich zu bewältigen. Dazu gehören nicht nur fachliche und technische Fähigkeiten, sondern auch soziale und persönliche Kompetenzen. Sie sind somit ein wesentlicher Bestandteil der individuellen Handlungsfähigkeit und bilden die Grundlage für beruflichen Erfolg und persönliche Entwicklung.

Kompetenzmanagement kann als "passende Fähigkeiten zur richtigen Zeit am richtigen Ort" beschrieben werden, da sie eine Person in die Lage versetzen, Aufgaben oder Herausforderungen erfolgreich zu meistern. Diese Kompetenzen bestehen aus einer Kombination von Wissen, Fähigkeiten, Erfahrungen, Einstellungen und Persönlichkeitseigenschaften. Es ist wichtig zu verstehen, dass Kompetenzen nicht statisch sind. Sie entwickeln sich im Laufe der Zeit durch Lernen und Erfahrungen weiter oder gehen durch Nichtnutzung verloren.

Kompetenzen lassen sich in verschiedene Gruppen einteilen, da je nach Definition und Verständnis eine Kompetenz, in die eine oder andere Kategorie fallen kann. Eine Möglichkeit der Kategorisierung umfasst Fachkompetenzen, Sozialkompetenzen, Methoden-kompetenzen, Handlungskompetenzen und Individualkompetenzen. Diese Aufteilung ist nicht abschließend, und je nach Kontext können auch andere Arten von Kompetenzen relevant sein.

5.2.3 Fachkompetenzen

Fachkompetenzen umfassen alle technischen Fähigkeiten, die den Umgang mit Geräten, Maschinen oder Anlagen betreffen, sowie Kenntnisse in geistigen Bereichen wie Projektmanagement, Datenanalyse, Qualitätsmanagement und spezifischen beruflichen Anforderungen. Im Fertigungsumfeld können dazu auch Fertigkeiten in Prozessoptimierung, Produktionsplanung, Wartung und Instandhaltung von Maschinen sowie Kenntnisse in Arbeitssicherheit und Produktionslogistik gehören. Sie beschreiben das Wissen, die Fähigkeiten und die Erfahrung, die ein Mitarbeitery in einem bestimmten Fachgebiet oder Bereich besitzt. Diese Kompetenzen sind eng mit den Anforderungen der jeweiligen Arbeitsstelle verbunden und beinhalten spezifische Kenntnisse und Fertigkeiten, die für die erfolgreiche Ausführung der Aufgaben notwendig sind.

5.2.4 Sozialkompetenz

Sozialkompetenzen beschreiben die Fähigkeit, in sozialen Situationen angemessen und erfolgreich zu handeln und zu kommunizieren. Sozialkompetenzen umfassen eine Vielzahl von Fähigkeiten wie Empathie, Teamfähigkeit, Konfliktfähigkeit, Kommunikationsfähigkeit und Führungskompetenz.

Sozialkompetenzen spielen eine wichtige Rolle in Arbeitsumgebungen, in denen Zusammenarbeit und Kommunikation unerlässlich sind. Insbesondere aber nicht ausschließlich in Führungspositionen sind Sozialkompetenzen von großer Bedeutung, da sie die Befähigung eines Managery beeinflussen, ein Team erfolgreich zu leiten und zu motivieren.

5.2.5 Methodenkompetenzen

Methodenkompetenzen umfassen das Wissen, die Fähigkeiten und die Erfahrung, die ein Mitarbeitery in Bezug auf Methoden und Techniken hat, die zur erfolgreichen Ausübung von Aufgaben notwendig sind. Dazu zählen beispielsweise Analyse- und Problemlösungsmethoden, Projektmanagementmethoden, Präsentationstechniken oder Moderationsmethoden. Methodenkompetenzen sind in fast jedem Bereich von Bedeutung und sind oft unabhängig von der Branche oder dem Fachgebiet, in dem sie eingesetzt werden. Mitarbeiterys, die über gute Methodenkompetenzen verfügen, sind in der Lage, komplexe Aufgaben effektiv und effizient zu bewältigen, indem sie effektive Arbeitsmethoden und -techniken anwenden.

5.2.6 Handlungskompetenzen

Handlungskompetenzen beschreiben die Fähigkeit eines Mitarbeitery, eine bestimmte Aufgabe oder Herausforderung effektiv zu bewältigen. Sie umfassen die Fähigkeit, Wissen und Fähigkeiten in der Praxis anzuwenden, um Ziele zu erreichen und Probleme zu lösen. Dazu gehören beispielsweise die Fähigkeiten, effektiv zu kommunizieren, Entscheidungen zu treffen, in Teams zu arbeiten, Veränderungen zu managen und Konflikte zu lösen.

5.2.7 Individualkompetenzen

Individualkompetenzen sind persönliche Fähigkeiten und Eigenschaften, die jeder Mensch individuell besitzt. Diese Fähigkeiten und Eigenschaften beeinflussen, wie wir uns verhalten, Entscheidungen treffen und mit anderen interagieren.

Zu den Individualkompetenzen gehören zum Beispiel die Fähigkeit zur Selbstreflexion, Selbstorganisation, Flexibilität, Lernbereitschaft, Kreativität und Selbstmotivation. Auch emotionale Intelligenz und Empathie zählen zu den Individualkompetenzen. Diese Fähigkeiten sind für den Erfolg in Beruf und Alltag von großer Bedeutung, da sie dazu beitragen, dass wir uns auf neue Situationen und Herausforderungen einstellen können und unsere Handlungen und Entscheidungen erfolgreich ausrichten.

Individualkompetenzen können auch als Schlüsselkompetenzen bezeichnet werden, da sie für die persönliche Entwicklung und das berufliche Vorankommen von großer Bedeutung sind. Unternehmen und Organisationen legen in der Regel großen Wert auf Mitarbeiterys mit starken Individualkompetenzen, da diese Fähigkeiten zu einem besseren Arbeitsumfeld beitragen und zum Erfolg des Unternehmens beitragen können.

5.2.8 Anforderungsprofil

Ein Anforderungsprofil umfasst in der Regel sowohl fachliche als auch persönliche Anforderungen, die für die Position wichtig sind. Beispiele für fachliche Anforderungen können bestimmte Ausbildungen, Erfahrungen oder Fähigkeiten sein, während persönliche Anforderungen beispielsweise soziale Kompetenzen, Belastbarkeit oder Eigeninitiative umfassen können. Das Anforderungsprofil sollte eine klare Vorstellung davon vermitteln, welche Kompetenzen und Fähigkeiten das ideale Kandidaty für die Position mitbringen sollte.

5.2.9 Kompetenzprofil

Ein Kompetenzprofil beinhaltet alle fachlichen und persönlichen Kompetenzen und deren Ausprägung, die ein Mitarbeitery hat. Ausgedrückt wird in der Regel die Wahrnehmung der Führungskraft, sie kann aber auch durch eine Selbsteinschätzung ergänzt werden. Darüber hinaus kann ein Kompetenzprofil auch Informationen über die Erfahrung und die Fähigkeiten des Mitarbeitery enthalten, die in der Vergangenheit erworben wurden.

5.2.10 Kompetenzanalyse

Kompetenzanalyse ist ein systematischer Prozess zur Identifizierung und Bewertung der Kompetenzen, die innerhalb einer Organisation vorhanden sind. Der Hauptzweck der Kompetenzanalyse besteht darin, ein genaues Bild der aktuellen Fähigkeiten, Kenntnisse und Einstellungen der Mitarbeiterys zu gewinnen, um diese mit den Anforderungen der jeweiligen Positionen oder der Organisation als Ganzes zu vergleichen. Die Kompetenzanalyse hilft, Stärken und Schwächen im Kompetenzprofil der Organisation zu erkennen und bildet die Grundlage für gezielte Personalentwicklungsmaßnahmen.

5.2.11 Kompetenzbewertung

Kompetenzbewertung ist der Prozess der regelmäßigen Überprüfung und Beurteilung der Kompetenzen von Mitarbeiterys, um festzustellen, inwieweit sie die Anforderungen ihrer aktuellen oder zukünftigen Positionen erfüllen. Die Kompetenzbewertung ist ein zentraler Bestandteil des Kompetenzmanagements und dient dazu, die Entwicklung der Mitarbeiterys zu überwachen, Entwicklungsbedarf zu identifizieren und die Effektivität von Personalentwicklungsmaßnahmen zu evaluieren.

6. Kompetenzmanagement für Mitarbeiterys

6.1 Bedeutung des Kompetenzmanagements für dich als Mitarbeitery

Kompetenzmanagement ist ein entscheidender Schlüssel für deinen beruflichen Erfolg. Es bietet dir die Werkzeuge und Strategien, um deine Fähigkeiten systematisch zu entwickeln und optimal einzusetzen. Mit einem gezielten Kompetenzmanagement kannst du deine Aufgaben effizienter und effektiver bewältigen.

Ein wesentlicher Bestandteil des Kompetenzmanagements ist die kontinuierliche Kompetenzentwicklung. Durch gezielte Schulungen, Weiterbildungen und Trainings erhältst du die Möglichkeit, dein Fachwissen zu erweitern, neue Fähigkeiten zu erlernen und deine bestehenden Kompetenzen zu vertiefen. In einer sich ständig wandelnden Arbeitswelt ist es entscheidend, stets am Puls der Zeit zu bleiben und sich flexibel auf neue Herausforderungen einstellen zu können.

Kompetenzmanagement unterstützt dich auch aktiv bei deiner selbstgesteuerten Karriereplanung. Indem du regelmäßig deine eigenen Kompetenzen reflektierst und bewertest, kannst du deine Stärken und Schwächen besser erkennen und gezielt an deiner persönlichen Weiterentwicklung arbeiten. Es hilft dir dabei, klare Ziele zu formulieren und geeignete Entwicklungsmaßnahmen zu identifizieren, die dich auf deinem Karriereweg voranbringen. Diese Selbstreflexion und Planung fördern deine Eigenverantwortung und machen dich zum aktiven Gestalter deiner beruflichen Zukunft.

Ein weiterer wichtiger Aspekt des Kompetenzmanagements ist die gezielte Nutzung deiner Kompetenzen. Dabei geht es darum, deine Fähigkeiten und Talente bewusst in Projekten, Teams und Aufgaben einzusetzen. Wenn du deine Kompetenzen optimal einbringst und ihr euch im Team gegenseitig ergänzt, entstehen nicht nur bessere Ergebnisse, sondern auch ein innovatives und dynamisches Arbeitsumfeld. Diese gezielte Kompetenznutzung fördert die Innovationskraft und Agilität deines Unternehmens und motiviert alle Beteiligten, aktiv zur Weiterentwicklung und zum Erfolg beizutragen.

6.2 Kompetenzmanagement für erfahrene Mitarbeiterys

Als erfahrenes Mitarbeitery bringst du einen reichen Erfahrungsschatz und umfangreiches Fachwissen mit, das im Rahmen des Kompetenzmanagements von großer Bedeutung ist. Deine langjährige Berufserfahrung ermöglicht dir wertvolle Einblicke und Perspektiven, die für die Entwicklung und Unterstützung jüngerer Mitarbeitery von unschätzbarem Wert sind.

Durch dein fundiertes Fachwissen kannst du, wenn du willst, als Mentory oder Coachy fungieren, um jüngere Mitarbeiterys bei der Entwicklung ihrer Kompetenzen zu unterstützen. Du kannst deine Erfahrungen teilen, wertvolle Ratschläge geben und ihnen helfen, Herausforderungen und Hindernisse zu bewältigen. Indem du dein Wissen und deine Erfahrungen weitergibst, trägst du maßgeblich zur Kompetenzentwicklung und zum Erfolg der jüngeren Generation bei.

Durch deine professionelle Haltung, dein Arbeitsethos und deine zwischenmenschlichen Fähigkeiten kannst du jüngeren Mitarbeiterys ein positives Beispiel geben und sie inspirieren. Als erfahrenes Kollegy kannst du zeigen, wie man komplexe Projekte erfolgreich abschließt, effektiv mit Kunden kommuniziert oder eine gute Work-Life-Balance aufrechterhält. Dein Verhalten und deine Einstellung können als Leitfaden für jüngere Mitarbeitery dienen, die ihre eigenen Kompetenzen entwickeln und ihre beruflichen Ziele erreichen möchten.

Darüber hinaus hast du im Laufe deines Berufslebens eventuell ein breites Netzwerk und eine Vielzahl von Kontakten aufgebaut. Es kann von unschätzbarem Wert sein, wenn es darum geht, Ressourcen, Informationen oder Expertise für bestimmte Projekte oder Aufgaben zu finden. Durch dein Netzwerk kannst du jüngere Kollegys unterstützen, indem du ihnen Zugang zu relevanten Personen und Ressourcen verschaffst und ihnen hilfst, ihre Kompetenzen gezielt weiterzuentwickeln.

Nicht zuletzt bringst du dank deiner Erfahrungen auch eine hohe Zuverlässigkeit, Stabilität und Kontinuität in den Arbeitsalltag ein. Das ermöglicht es dir, auch in anspruchsvollen Situationen einen kühlen Kopf zu bewahren und Lösungen zu finden. Du kannst jüngeren Mitarbeiterys helfen, ihre Fähigkeiten zur Problemlösung, Entscheidungsfindung und zum Umgang mit Herausforderungen zu verbessern. Durch deine Unterstützung trägst du zur Entwicklung einer Organisation bei, in der das Kompetenzmanagement einen integralen Bestandteil der Unternehmenskultur bildet.

> "Was man zur Effektivität braucht, ist eine durch Übung gewonnene Kompetenz."
>
> Peter. F. Drucker

6.3 Kompetenzentwicklung

6.3.1 Identifikation von individuellen Kompetenzen

Die Identifikation deiner individuellen Kompetenzen bildet einen entscheidenden Schritt im Rahmen des Kompetenzmanagements. Es geht darum, deine spezifischen Fähigkeiten, Kenntnisse, Erfahrungen und Einstellungen zu erkennen und zu verstehen. Diese individuellen Kompetenzen bilden die Grundlage für die weitere Entwicklung und Nutzung deiner Stärken.

Es gibt verschiedene Wege, um deine individuellen Kompetenzen zu identifizieren. Eine Möglichkeit besteht darin, auf formelle Instrumente wie Kompetenzprofile oder Kompetenzmodelle zurückzugreifen. Diese beschreiben typische Kompetenzen, die für bestimmte Funktionen, Rollen oder Aufgabenbereiche relevant sind. Indem du deine vorhandenen Kompetenzen mit den Anforderungen des Profils abgleichst, kannst du deine spezifischen Stärken und Entwicklungsbereiche identifizieren.

Darüber hinaus spielen auch informelle Methoden eine wichtige Rolle. Das beinhaltet beispielsweise Gespräche zwischen dir und deinem Vorgesetzten oder anderen Kollegen, in denen ihr deine individuellen Stärken, Erfahrungen und Beiträge diskutieren könnt.

Durch Feedbackprozesse, in denen du regelmäßig eure Eindrücke austauschst, erhältst du wertvolle Einblicke in deine individuellen Kompetenzen.

Selbstreflexion ist ebenfalls ein wichtiges Instrument zur Identifikation deiner individuellen Kompetenzen. Beginne einfach über deine eigenen Stärken, Fähigkeiten und Erfahrungen nachzudenken und diese kritisch zu bewerten. Das kann beispielsweise durch Selbstbeurteilungsverfahren oder Reflexionsfragen unterstützt werden. Die Selbstreflexion ermöglicht es dir, deine persönlichen Interessen, Werte und Motivationen zu erkennen und mit deinen beruflichen Zielen in Einklang zu bringen.

Auch die Zusammenarbeit mit anderen relevanten Personen, wie beispielsweise Kollegys, Kunden oder Projektteams, kann wertvolle Informationen zur Identifikation deiner individuellen Kompetenzen liefern. Der Austausch von Erfahrungen und Beobachtungen ermöglicht eine umfassendere und objektivere Bewertung deiner Kompetenzen.

Es ist hier wichtig anzumerken, dass die Identifikation deiner individuellen Kompetenzen ein dynamischer Prozess ist. Kompetenzen können sich im Laufe der Zeit verändern und weiterentwickeln. Daher sollten regelmäßige Überprüfungen und Aktualisierungen erfolgen, um sicherzustellen, dass die ermittelten Kompetenzen noch relevant und aktuell sind.

Die Identifikation deiner individuellen Kompetenzen dient als Ausgangspunkt für weitere Schritte im Kompetenzmanagement, wie die gezielte Kompetenzentwicklung, die Arbeitsgestaltung oder die Karriereplanung. Indem du deine individuellen Stärken und Potenziale erkennst und förderst, kannst du dein volles Potenzial ausschöpfen und deine Leistung und Zufriedenheit steigern.

6.3.2 Analyse von Entwicklungsbedarf und Karrierezielen

Im Rahmen des Kompetenzmanagements spielt die Analyse deines Entwicklungsbedarfs und deiner Karriereziele eine entscheidende Rolle. Hier geht es darum Lücken und Entwicklungsbereiche zu identifizieren und konkrete Ziele für deine berufliche Weiterentwicklung zu definieren.

Die Analyse deines Entwicklungsbedarfs beginnt mit einer gründlichen Bewertung deiner vorhandenen Kompetenzen. Dabei werden deine Fähigkeiten, Kenntnisse, Erfahrungen und Einstellungen in Bezug auf die Anforderungen deiner aktuellen oder angestrebten Position untersucht. In Punkt 6.3.1 wird beschrieben, wie du deine vorhandenen Kompetenzen identifizieren kannst.

Parallel dazu ist es wichtig, deine Karriereziele zu ermitteln. Das beinhaltet die Klärung deiner langfristigen beruflichen Ambitionen und die Identifikation der Kompetenzen, die du benötigst, um diese Ziele zu erreichen. Deine Karriereziele können sich auf den nächsten Karriereschritt in deinem aktuellen Unternehmen, eine Veränderung des Aufgabenbereichs oder sogar auf einen branchen- oder funktionsübergreifenden Wechsel beziehen. Indem du deine Ziele klar definierst, schaffst du eine Richtschnur für deine berufliche Entwicklung und setzt den Rahmen für die Auswahl der relevanten Kompetenzen, die du entwickeln möchtest.

Die Analyse deines Entwicklungsbedarfs und deiner Karriereziele kann auf verschiedenen Ebenen stattfinden. Auf individueller Ebene kannst du dich selbstkritisch mit deinen Fähigkeiten auseinandersetzen, deine Interessen und Werte berücksichtigen und deine persönlichen Ziele formulieren. Gespräche mit einem Vorgesetzten, mit einem Kollegen oder einer Vertrauensperson außerhalb deines beruflichen Umfelds können dir aber auch helfen, deine Vorstellungen aus einer anderen Perspektive zu betrachten.

Auf organisatorischer Ebene kannst du durch Instrumente wie Talentmanagement-Programme, Nachfolgeplanung oder Karriereentwicklungsprogramme unterstützt werden. Diese bieten strukturierte Rahmenbedingungen und Möglichkeiten, um deinen Entwicklungsbedarf zu analysieren und deine Karriereziele zu verfolgen. Dabei können beispielsweise Entwicklungspläne, Trainings- und Weiterbildungsmaßnahmen, Mentoring-Programme oder Job-Rotation eingesetzt werden. Falls du nicht weißt, welche Möglichkeiten dein Unternehmen hier bietet, empfehle ich dir, mit deiner Führungskraft oder deiner Personalabteilung zu sprechen. Vielleicht gibt es in deiner Firma bei der Personalabteilung spezielle Qualifizierungsmanager. Diese sind geschult und können dir helfen dich systemseitig zurechtzufinden und helfen dir auch bei deiner persönlichen Orientierung.

Vor allem ist wichtig, dass du regelmäßig deine Ziele hinterfragst und auf die aktuelle Situation anpasst, um sicherzustellen, dass sie weiterhin mit den vorhandenen Anforderungen und Chancen in deiner beruflichen Umgebung übereinstimmen.

6.3.3 Geeigneter Entwicklungsmaßnahmen (z.B. Schulungen, Coaching, etc.)

Im Rahmen des Kompetenzmanagements ist es wichtig, dass du Entwicklungsmaßnahmen auswählst, die zu deiner Situation passen. Diese Maßnahmen sollen dir dabei helfen, deine individuellen Kompetenzen zu stärken, vorhandene Lücken zu schließen und dich kontinuierlich weiterzuentwickeln. Die Auswahl der passenden Entwicklungsmaßnahmen erfolgt auf Basis einer umfassenden Analyse deiner Kompetenzen und Entwicklungsbedarfe.

Ein erster Schritt kann darin bestehen, gemeinsam mit deinem Vorgesetzten einen individuellen Entwicklungsplan zu erstellen. In einem offenen Gespräch werden deine aktuellen Kompetenzen, beruflichen Ziele und Entwicklungswünsche erörtert. Auf dieser Grundlage können geeignete Maßnahmen identifiziert werden, die genau auf deine Bedürfnisse abgestimmt sind.

Schulungen und Weiterbildungen sind eine häufig genutzte Entwicklungsmaßnahme. Sie bieten dir die Möglichkeit, deine fachlichen Fähigkeiten zu erweitern, neue Kenntnisse zu erwerben und aktuelles Wissen aufzufrischen. Dabei können interne oder externe Schulungen, Seminare, Workshops oder Fachkurse zum

Einsatz kommen. Die Auswahl erfolgt entsprechend deines individuellen Entwicklungsbedarfs und der strategischen Ausrichtung des Unternehmens.

Coaching und Mentoring sind zwei Begriffe, die oft im Zusammenhang mit beruflicher Entwicklung und persönlichem Wachstum verwendet werden. Obwohl sie ähnliche Ziele haben, gibt es dennoch einige Unterschiede in ihren Ansätzen und Schwerpunkten.

Im Coaching liegt der Fokus oft auf der Verbesserung bestimmter Fähigkeiten oder der Bewältigung konkreter beruflicher Herausforderungen. Hier konzentriert sich der Prozess auf die Entwicklung von Fähigkeiten, Leistungsoptimierung und das Erreichen von spezifischen Zielen. Die Beziehung zwischen Coach und Coachee ist oft zeitlich begrenzt und zielorientiert. Der Coach arbeitet daran, den Coachee dabei zu unterstützen, kurzfristige Ziele zu erreichen.

Im Gegensatz dazu geht es beim Mentoring oft um die langfristige Karriereentwicklung und persönliche Reifung. Der Mentor unterstützt den Mentee dabei, eine ganzheitliche berufliche Identität zu entwickeln und über einen längeren Zeitraum zu wachsen. Die Beziehung zwischen Mentor und Mentee kann langfristiger sein und sich auf eine breitere Palette von Themen erstrecken, einschließlich beruflicher und persönlicher Entwicklung. Ein Mentor hat oft Erfahrung und Fachkenntnisse in derselben Branche oder in einem ähnlichen beruflichen Umfeld wie der Mentee. Der Mentor teilt sein Wissen und seine Lebenserfahrungen.

Im Coaching-Prozess kann die Struktur stärker ausgeprägt sein, wobei oft spezifische Modelle oder Methoden verwendet werden, um den Coachee gezielt zu unterstützen. Im Gegensatz dazu ist die Beziehung im Mentoring häufig informeller und basiert stärker auf dem Austausch von Erfahrungen und Ratschlägen. Es ist wichtig zu erkennen, dass die Grenzen zwischen Coaching und Mentoring oft fließend sind. In der Praxis können Elemente beider Ansätze je nach Situation miteinander kombiniert werden. Dabei spielen die individuellen Vorlieben der Beteiligten und die spezifischen Ziele eine entscheidende Rolle.

Neben den genannten Maßnahmen können auch Job-Rotation, Projektarbeit, interdisziplinäre Zusammenarbeit, Job-Shadowing, Reverse Mentoring, Buddy-System, Experimenting, Social Prototyping, Working out loud oder gezielte Praxiserfahrungen zur Kompetenzentwicklung beitragen. Diese bieten dir die Möglichkeit, neue Aufgabenfelder kennenzulernen, dein Wissen und deine Fähigkeiten in der Praxis anzuwenden und deine Kompetenzen auf vielfältige Weise zu erweitern.

Die Auswahl der geeigneten Entwicklungsmaßnahmen sollte sorgfältig erfolgen und auf deine individuellen Bedürfnisse und Ziele abgestimmt sein. Dabei ist es wichtig, einen Mix aus verschiedenen Maßnahmen einzusetzen, um eine ganzheitliche Entwicklung zu ermöglichen. Zudem sollte die Auswahl der Maßnahmen auch im Einklang mit den strategischen Zielen des Unternehmens stehen und die Unternehmenskultur berücksichtigen.

6.3.4 Umsetzung von Entwicklungsplänen

Die Umsetzung deines Entwicklungsplans erfordert dein eigenes Engagement und deine aktive Teilnahme. Es ist wichtig, dass du die Verantwortung für deine persönliche Entwicklung übernimmst und die im Entwicklungsplan festgelegten Ziele anstrebst. Verfolge die Schritte und Maßnahmen im Plan genau und arbeite kontinuierlich daran, deine Kompetenzen weiterzuentwickeln.

Ein entscheidender Aspekt bei der Umsetzung deines Entwicklungsplans ist die Planung deiner Zeit und Ressourcen. Setze dir realistische Ziele und lege konkrete Zeiträume fest, in denen du an deiner Kompetenzentwicklung arbeiten möchtest. Priorisiere deine Aufgaben und sorge dafür, dass du genügend Zeit für die Umsetzung der Entwicklungsmaßnahmen hast. Sprich auch mit deiner Führungskraft. Vielleicht kannst du mit ihr eine größere Flexibilisierung deiner Arbeitszeit verabreden. Zeige in dem Gespräch auf, was du in einem bestimmten Zeitraum erreichen möchtest, vor allem aber auch, welchen Mehrwert du danach bieten kannst. Das erleichtert die Argumentation deiner Führungskraft bei der Bewilligung bei der Personalabteilung oder der Chefetage.

Nutze verschiedene Maßnahmen bei der Umsetzung deines Entwicklungsplans. Das können, wie oben beschrieben, Schulungen, Weiterbildungen, Coachings oder Mentoring sein. Nutze diese Gelegenheiten, um dein Wissen zu erweitern, neue Fähigkeiten zu erlernen und von erfahrenen Fachleuten zu lernen. Engagiere dich aktiv in den Schulungen, bringe deine Fragen und Anliegen ein und tausche dich mit anderen Teilnehmern aus. Unterschätze niemals die Möglichkeiten, die sich aus solchen Kontakten ergeben können. Ein gutes Netzwerk hat noch nie jemandem geschadet.

Neben den geplanten Maßnahmen solltest du auch den informellen Lernprozess nutzen. Das beinhaltet das Lernen durch Erfahrungen, Beobachtungen und den Austausch mit Kollegen. Sei offen für neue Herausforderungen und nutze jede Gelegenheit, um dein Wissen und deine Fähigkeiten in der Praxis anzuwenden. Reflektiere regelmäßig deine Erfahrungen und lerne aus deinen Erfolgen und Fehlern.

Es ist wichtig, dass du während des Umsetzungsprozesses motiviert und engagiert bleibst. Setze dir Meilensteine und belohne dich selbst für erreichte Ziele. Bleibe offen für neue Herausforderungen und nimm sie als Chancen zur weiteren Entwicklung wahr. Letztendlich liegt es in deiner Verantwortung, deinen Entwicklungsplan umzusetzen. Bleib fokussiert, diszipliniert und behalte deine langfristigen Karriereziele im Blick. Durch deine aktive Teilnahme und Bearbeitung der Entwicklungsmaßnahmen hast du die Möglichkeit, deine Kompetenzen kontinuierlich zu erweitern und deine berufliche Entwicklung voranzutreiben.

6.3.5 Feedback und Evaluierung der Kompetenzentwicklung

Im Rahmen des Kompetenzmanagements spielen Feedback und Evaluierung eine entscheidende Rolle für deine Weiterentwicklung. Feedback ermöglicht es dir, deine Stärken zu erkennen, Verbesserungspotenziale zu identifizieren und gezielt an der Weiterentwicklung deiner Kompetenzen zu arbeiten. Dieses Feedback kann von verschiedenen Quellen kommen, wie Vorgesetztys, Kollegys, Kundys oder anderen relevanten

Stakeholdern, und sowohl informell in Gesprächen oder Meetings als auch formell in strukturierten Feedbackgesprächen stattfinden. Das Ziel ist es, dir konstruktive Rückmeldungen zu geben, die dir helfen, deine Kompetenzen gezielt weiterzuentwickeln. Sei offen und empfänglich für Feedback. Nimm es nicht persönlich, sondern betrachte es als Chance zur Verbesserung. Höre aktiv zu, stelle Rückfragen und zeige Interesse daran, das Feedback zu verstehen und umzusetzen. Nutze das erhaltene Feedback als wertvolle Informationsquelle, um deine Stärken auszubauen und mögliche Schwächen zu adressieren.

Regelmäßige Selbstreflexionen sind eine weitere wichtige Methode zur Evaluierung deiner Kompetenzentwicklung. Plane bewusst Zeit zur Selbstreflexion ein, um deine eigenen Fortschritte und Erfolge zu bewerten. Überlege, welche Kompetenzen du verbessert hast, in welchen Bereichen du noch Entwicklungspotenzial siehst und welche konkreten Maßnahmen du ergreifen kannst, um deine Ziele zu erreichen. Durch die bewusste Selbstreflexion kannst du dich selbst besser einschätzen und deine Entwicklung gezielt vorantreiben.

Zusätzlich zur Selbstreflexion können regelmäßige Entwicklungs- oder Feedbackgespräche mit deinem Vorgesetzty hilfreich sein. In diesen Gesprächen könnt ihr gemeinsam den Fortschritt deiner Kompetenzentwicklung besprechen, Feedback einholen und mögliche Anpassungen an deinem Entwicklungsplan vornehmen. Nutze diese Gelegenheiten, um offene und ehrliche Gespräche zu führen und deine individuellen Ziele und Bedürfnisse zu kommunizieren.

Neben dem Feedback von anderen Personen können auch Evaluierungsinstrumente und -methoden eingesetzt werden, um deine Kompetenzentwicklung zu bewerten. Dies können beispielsweise Selbstbeurteilungsfragebögen, Kompetenztests oder 360-Grad-Feedbackverfahren sein. Diese Instrumente bieten dir eine strukturierte Möglichkeit, deine Kompetenzen zu evaluieren und gezielte Maßnahmen abzuleiten.

Die Evaluierung deiner Kompetenzentwicklung sollte regelmäßig erfolgen, um den Fortschritt zu verfolgen und Anpassungen vorzunehmen. Überprüfe in regelmäßigen Abständen deine Ziele, den Entwicklungsplan und die erreichten Meilensteine. Reflektiere, ob die gewählten Maßnahmen effektiv waren und welche weiteren Schritte erforderlich sind, um deine Kompetenzen weiterzuentwickeln.

Es ist wichtig zu betonen, dass Feedback und Evaluierung konstruktiv und lösungsorientiert sein sollten. Sie dienen dazu, deine Kompetenzen zu stärken und deine berufliche Entwicklung voranzutreiben. Sei offen für Feedback, setze dir realistische Ziele und nutze die erhaltenen Rückmeldungen, um kontinuierlich an deiner Kompetenzentwicklung zu arbeiten. Durch regelmäßige Evaluierung und gezieltes Feedback kannst du deine Stärken weiter ausbauen und erfolgreich deine Karriere vorantreiben.

6.4 Kompetenzorientierte Arbeitsgestaltung
6.4.1 Einsatz von Kompetenzen im Arbeitsalltag

Bei der Nutzung deiner Kompetenzen im Arbeitsalltag ist es wichtig, diese gezielt auf deine jeweilige Aufgabe oder Situation anzuwenden. Identifiziere die relevanten Kompetenzen, die für die Aufgabe erforderlich sind, und nutze dein Wissen und deine Fähigkeiten, um die Aufgabe erfolgreich zu bewältigen. Betrachte die Situation aus verschiedenen Blickwinkeln und setze deine Kompetenzen strategisch ein, um die bestmöglichen Ergebnisse zu erzielen.

Ein wichtiger Aspekt beim Einsatz deiner Kompetenzen im Arbeitsalltag ist die kontinuierliche Weiterentwicklung und Anpassung deiner Fähigkeiten an neue Anforderungen. Der Arbeitsmarkt und die Arbeitswelt verändern sich stetig, und es ist wichtig, dass du deine Kompetenzen regelmäßig überprüfst und gegebenenfalls erweiterst oder aktualisierst. Sei offen für neue Technologien, Methoden und Entwicklungen in deinem Fachbereich und nutze Möglichkeiten zur Weiterbildung und Weiterentwicklung, um deine Kompetenzen auf dem neuesten Stand zu halten.

Ein weiterer Aspekt ist die Zusammenarbeit mit Kollegys und anderen Stakeholdern. Nutze deine Kommunikations- und Teamfähigkeiten, um effektiv mit anderen zusammenzuarbeiten und Synergien zu schaffen. Tausche dein Wissen und deine Erfahrungen mit anderen aus und unterstützt euch gegenseitig bei der Erreichung gemeinsamer Ziele.

Der Einsatz deiner Kompetenzen im Arbeitsalltag ist eine kontinuierliche Aufgabe, die eine bewusste und proaktive Herangehensweise erfordert. Indem du deine Kompetenzen gezielt einsetzt, weiterentwickelst und anpasst, kannst du deinen Beitrag zum Erfolg des Unternehmens leisten und deine berufliche Entwicklung vorantreiben. Sei motiviert, engagiert und achte darauf, dass deine Fähigkeiten immer auf dem neuesten Stand sind, um den Herausforderungen des Arbeitsalltags erfolgreich zu begegnen.

6.4.2 Job Crafting: Anpassung des Arbeitsumfelds an individuelle Kompetenzen

Job Crafting bedeutet, dass du aktiv deine Aufgaben, Verantwortlichkeiten und Beziehungen am Arbeitsplatz gestaltest, um eine bessere Passung zwischen deinen Kompetenzen und den Anforderungen deiner Tätigkeit zu erreichen. Durch Job Crafting kannst du dein Arbeitsumfeld so anpassen, dass du deine Stärken optimal einsetzen und deine Kompetenzen weiterentwickeln kannst. Du wirst eine größere Zufriedenheit und Motivation bei der Arbeit empfinden, da du Aufgaben ausführst, die deinen Fähigkeiten entsprechen und dir Freude bereiten. Gleichzeitig wird Job Crafting zur Steigerung deiner Leistung und Produktivität beitragen, da du in den Aufgabenbereichen, in denen du am besten bist, herausragende Ergebnisse erzielen kannst.

Es gibt verschiedene Möglichkeiten, Job Crafting umzusetzen. Eine Möglichkeit besteht darin, deine Aufgaben neu zu gestalten, indem du bestimmte Aufgaben hinzufügst, entfernst oder modifizierst. Identifiziere die Aufgaben, in denen du deine Kompetenzen besonders gut einbringen kannst, und suche nach Möglichkeiten, diese in deinen Tätigkeitsbereich zu integrieren. Sprich mit deiner

Führungskraft über deine Stärken und Interessen und diskutiere, wie du deine Aufgaben anpassen kannst, um deine Kompetenzen besser einzubringen.

Des Weiteren kannst du deine Verantwortlichkeiten erweitern, indem du zusätzliche Aufgaben übernimmst, die deinen Kompetenzen entsprechen. Sei proaktiv und identifiziere Bereiche, in denen du dein Wissen und deine Fähigkeiten einbringen kannst, um zum Erfolg des Unternehmens beizutragen. Übernehme Verantwortung für Projekte oder Initiativen, die deinen Kompetenzen entsprechen, und nutze diese Gelegenheit, um deine Kompetenzen weiterzuentwickeln und dich beruflich voranzubringen.

Ein weiterer Aspekt des Job Craftings besteht darin, deine Beziehungen am Arbeitsplatz zu gestalten. Identifiziere Kollegys oder Teams, mit denen du gut zusammenarbeiten kannst und die deine Kompetenzen ergänzen. Bemühe dich um eine enge Zusammenarbeit und den Austausch von Wissen und Erfahrungen. Nutze Netzwerkmöglichkeiten, um Kontakte zu knüpfen und dich mit Personen auszutauschen, die dir bei der Entwicklung deiner Kompetenzen behilflich sein können.

Darüber hinaus solltest du auch die Möglichkeit nutzen, Weiterbildungs- und Entwicklungs-möglichkeiten zu identifizieren und zu nutzen. Suche nach Schulungen, Seminaren oder Mentoring-Programmen, die dir helfen, deine Kompetenzen zu erweitern und neue Fähigkeiten zu erlernen. Besprich mit deiner Führungskraft deine Entwicklungsziele und sucht gemeinsam nach Möglichkeiten, um deine Kompetenzen gezielt weiterzuentwickeln.

6.4.3 Herausforderungen und Chancen bei der kompetenzorientierten Arbeitsgestaltung

Als Mitarbeitery stehen dir bei der kompetenzorientierten Arbeitsgestaltung sowohl Herausforderungen als auch Chancen bevor. Auf verschiedenen Ebenen manifestieren sich diese und beeinflussen die Art und Weise, wie du deine Kompetenzen nutzt und entwickelst.

Eine der Herausforderungen besteht darin, deine individuellen Kompetenzen genau zu identifizieren und zu verstehen. Es erfordert eine bewusste Reflexion und Selbstreflexion, um deine eigenen Stärken und Schwächen zu erkennen und zu verstehen, wie diese in den Arbeitskontext passen. Die Fähigkeit, deine Kompetenzen zu benennen und zu artikulieren, ist entscheidend für die gezielte Arbeitsgestaltung.

Eine weitere Herausforderung besteht in der Anpassung deines Arbeitsumfelds an deine individuellen Kompetenzen. Dies erfordert eine enge Zusammenarbeit zwischen dir und dem Arbeitgeber, um die Aufgaben und Verantwortlichkeiten entsprechend anzupassen. Es kann eine Herausforderung sein, die richtige Balance zu finden, um deine Kompetenzen optimal einzusetzen, ohne dabei die Anforderungen des Unternehmens aus dem Blick zu verlieren. Eine offene Kommunikation und regelmäßiges Feedback sind entscheidend, um sicherzustellen, dass die Arbeitsgestaltung deinen Bedürfnissen und den Zielen des Unternehmens gerecht wird.

Eine weitere Herausforderung liegt in der kontinuierlichen Kompetenzentwicklung. Kompetenzen sind nicht statisch, sondern müssen kontinuierlich gepflegt und erweitert werden, um den sich wandelnden Anforderungen gerecht zu werden. Es erfordert eine proaktive Haltung, um dich fortlaufend weiterzubilden, neue Fähigkeiten zu erlernen und dich an neue Arbeitsbedingungen anzupassen. Dies kann vor allem dann eine Herausforderung sein, wenn Zeit- und Ressourcenbeschränkungen existieren. Aber es eröffnet auch Chancen für persönliches Wachstum und berufliche Weiterentwicklung, da du die Möglichkeit hast, deine Kompetenzen zu erweitern und neue Herausforderungen anzunehmen. Nutze diese Chancen, um deine berufliche Entwicklung voranzutreiben und dein Potenzial voll auszuschöpfen.

Neben den Herausforderungen bieten sich dir zahlreiche Chancen im Rahmen der kompetenzorientierten Arbeitsgestaltung. Indem du deine individuellen Kompetenzen gezielt einsetzt und weiterentwickelst, kannst du deine Zufriedenheit und Motivation am Arbeitsplatz steigern. Durch die Anpassung des Arbeitsumfelds kannst du herausfordernde und erfüllende Aufgaben übernehmen, die genau deinen individuellen Fähigkeiten entsprechen. Das kann zu einer höheren Arbeitsqualität, besseren Leistungen und einer erhöhten beruflichen Anerkennung führen.

Die kontinuierliche Kompetenzentwicklung im Rahmen des Kompetenzmanagements eröffnet dir auch Möglichkeiten für berufliches Wachstum und Karriereentwicklung. Indem du deine Kompetenzen gezielt erweiterst und an die Anforderungen des Arbeitsmarktes anpasst, kannst du deine Chancen auf Beförderungen und neue berufliche Perspektiven verbessern. Die Fähigkeit, dich an neue Arbeitsbedingungen anzupassen und neue Fähigkeiten zu erlernen, wird immer wichtiger in einer sich schnell verändernden Arbeitswelt.

6.5 Kompetenzsicherung und -nutzung

6.5.1 Aufrechterhaltung und Weiterentwicklung von Kompetenzen

Deine Kompetenzen sind nicht statisch, sondern unterliegen einem stetigen Veränderungsprozess, der durch den technologischen Fortschritt, neue Anforderungen im Arbeitsumfeld und deine persönliche Entwicklung selbst beeinflusst wird.

Es ist wichtig, deine Kompetenzen aktiv im Arbeitsalltag einzusetzen und kontinuierlich zu verbessern, indem du regelmäßig die erworbenen Fähigkeiten anwendest und in der Praxis übst. Übernehme herausfordernde Projekte, beteilige dich an neuen Aufgaben und arbeite eng mit Kollegys zusammen. Dadurch festigst du deine Fertigkeiten und hältst sie auf dem aktuellen Stand.

Gleichzeitig solltest du dich gezielt weiterentwickeln, indem du vorhandene Kompetenzen verbesserst und neue Fähigkeiten erwirbst, um den sich verändernden Anforderungen gerecht zu werden. Das lebenslange Lernen spielt dabei eine entscheidende Rolle. Halte eine positive Einstellung zur persönlichen Weiterentwicklung und sei offen für neue Erkenntnisse und Erfahrungen. Das Streben nach Wissen und die Offenheit für neue Möglichkeiten ermöglichen es dir, deine Kompetenzen kontinuierlich zu erweitern und dich beruflich weiterzuentwickeln. Nutze hierfür verschiedene Möglichkeiten wie das Lesen relevanter Fachliteratur, den Austausch mit Kollegen, die Teilnahme an Konferenzen oder digitale Lernplattformen.

Denke daran, dass die Aufrechterhaltung und Weiterentwicklung deiner Kompetenzen nicht nur in deinem Interesse liegen. Auch Unternehmen sollten bestrebt sein, mit den sich wandelnden Anforderungen des Marktes Schritt zu halten und Wettbewerbsvorteile zu erzielen. Mitarbeitery wie du, mit aktuellen und vielfältigen Kompetenzen, sind ein wesentlicher Erfolgsfaktor für Organisationen. Betone dies bei der Argumentation für Weiterbildungsmöglichkeiten, bleibe jedoch auch realistisch in der Wahl deiner Weiterbildungen, indem du einen dienstlichen Bezug berücksichtigst. Indem du kontinuierlich an deiner Kompetenz-entwicklung arbeitest, investierst du nicht nur in deine persönliche Zukunft, sondern trägst auch maßgeblich zum Erfolg deines Arbeitgebers bei.

6.5.2 Transfer von Kompetenzen auf neue Aufgaben und Projekte

Um den Transfer deiner Kompetenzen erfolgreich umzusetzen, ist es zunächst wichtig, die für die neuen Aufgaben oder Projekte relevanten Kompetenzen zu identifizieren. Nimm dir die Zeit für eine genaue Analyse der Anforderungen und bewerte sorgfältig deine vorhandenen Kompetenzen. Verschaffe dir eine klare Vorstellung davon, welche Kompetenzen du bereits besitzt und wie du sie auf die neuen Herausforderungen anwenden kannst.

Reflexion spielt eine entscheidende Rolle beim Transfer von Kompetenzen. Nimm dir Zeit, um deine bisherigen Erfahrungen zu reflektieren und zu analysieren, welche Kompetenzen dabei zum Einsatz kamen und welche davon auch auf die neuen Aufgaben oder Projekte übertragen werden können.

Um den Transfer von Kompetenzen zu erleichtern, stehen dir verschiedene Maßnahmen zur Verfügung. Eine Möglichkeit ist die gezielte Weiterbildung oder Schulung, um fehlende Kompetenzen zu erwerben oder vorhandene Kompetenzen zu erweitern. Stelle sicher, dass diese Maßnahmen eng mit den Anforderungen der neuen Aufgaben oder Projekte abgestimmt sind, um eine hohe Relevanz und Anwendbarkeit sicherzustellen.

Die Integration der neuen Aufgaben oder Projekte in deinen Arbeitsalltag kann ebenfalls den Transfer von Kompetenzen erleichtern. Du solltest die Möglichkeit haben, dass neu erworbene Wissen und die erweiterten Kompetenzen unmittelbar anzuwenden. Dies kann durch die Zuweisung von Projekten, die den Einsatz der neuen Kompetenzen erfordern, oder durch die Schaffung von Lern- und Entwicklungsmöglichkeiten im Arbeitsumfeld geschehen. Die regelmäßige Überprüfung und Evaluierung des Transfers von Kompetenzen sind ebenfalls wichtig. Nimm dir auch hier die Zeit, deine Fortschritte zu reflektieren und zu bewerten, wie gut die übertragenen Kompetenzen in den neuen Aufgaben oder Projekten angewendet wurden. Feedbackgespräche, Selbstbewertungen oder Performance-Reviews können dir dabei helfen, Stärken und Verbesserungspotenziale zu identifizieren und weitere Schritte zur Weiterentwicklung deiner Kompetenzen einzuleiten.

Indem du den Transfer deiner Kompetenzen gezielt angehst und kontinuierlich überprüfst, kannst du sicherstellen, dass du die neuen Herausforderungen erfolgreich bewältigst und deine Kompetenzen kontinuierlich weiterentwickelst. Sei proaktiv und nutze die Möglichkeiten, die dir zur Verfügung stehen, um deine berufliche Entwicklung voranzutreiben und erfolgreich zu sein.

6.5.3 Wissensteilung und Zusammenarbeit im Team

Die Wissensteilung im Team ist für dich von großer Bedeutung, denn du verfügst über individuelles Wissen, Fähigkeiten und Erfahrungen. Durch den Austausch von Wissen und Informationen kannst du dein eigenes Wissen erweitern, neue Perspektiven gewinnen und innovative Lösungsansätze entwickeln. Die Wissensteilung trägt dazu bei, dass das gesamte Team von der Vielfalt der Kompetenzen profitiert und gemeinsam erfolgreicher agieren kann.

Ein wichtiger Aspekt der Wissensteilung ist die offene Kommunikation im Team. Es ist wichtig, dass du deine Ideen, Erfahrungen und Erkenntnisse mit deinen Kollegys teilst und auch bereit bist, von deren Wissen zu lernen. Dies kann durch regelmäßige Teammeetings, informelle Gespräche oder den Einsatz digitaler Kommunikationsplattformen erfolgen. Indem du aktiv zu Diskussionen beiträgst und dein Wissen teilst, kannst du dazu beitragen, ein kollaboratives Arbeitsumfeld zu schaffen, in dem alle voneinander lernen können.

Die Zusammenarbeit im Team ist eng mit der Wissensteilung verbunden. Indem du mit deinen Kollegys zusammenarbeitest, könnt ihr eure individuellen Kompetenzen kombinieren, um gemeinsam an Aufgaben und Projekten zu arbeiten. Durch die Zusammenarbeit kannst du deine Stärken einsetzen und gleichzeitig von den Stärken anderer profitieren. Dies fördert nicht nur das gemeinsame Lernen, sondern auch den Austausch von bewährten Praktiken und die Entwicklung innovativer Lösungen.

Eine effektive Zusammenarbeit im Team erfordert auch ein hohes Maß an Vertrauen und Respekt unter den Teammitgliedern. Es ist wichtig, dass du die Ideen und Meinungen deiner Kollegys wertschätzt und offen für verschiedene Perspektiven bist. Durch ein positives Arbeitsklima, in dem Teammitglieder sich gegenseitig unterstützen und ermutigen, kannst du eine Kultur der Zusammenarbeit und des Wissenstransfers fördern.

Im Rahmen des Kompetenzmanagements kannst du verschiedene Maßnahmen ergreifen, um die Wissensteilung und Zusammenarbeit im Team zu unterstützen. Dazu gehören beispielsweise regelmäßige Teamtrainings, in denen ihr lernt, effektiv zu kommunizieren, Konflikte zu lösen und eure Kompetenzen zu teilen. Auch das Schaffen von Raum und Zeit für den informellen Austausch und die Zusammenarbeit kann dabei helfen, die Zusammenarbeit im Team zu stärken. Dabei ist es wichtig, ein Klima von "psychological safety and trust" zu schaffen. In Kapitel 7 gehe ich mehr auf die notwendigen Rahmenbedingungen ein, die vor allem seitens einer Führungskraft geschaffen werden müssen.

Darüber hinaus können digitale Tools und Plattformen eingesetzt werden, um die Wissensteilung und Zusammenarbeit zu erleichtern. Diese ermöglichen es euch, Informationen, Dokumente und Ideen einfach auszutauschen, gemeinsam an Dokumenten zu arbeiten und euch online zu vernetzen. Durch den Einsatz solcher Tools können auch räumliche und zeitliche Barrieren überwunden werden, was insbesondere in virtuellen oder verteilten Teams von Vorteil ist.

6.5.4 Beitrag zur Unternehmensentwicklung und Innovationsprozessen

Ein wichtiger Beitrag, den du leisten kannst, besteht darin, deine individuellen Kompetenzen und Erfahrungen gezielt einzusetzen, um innovative Ideen zu generieren. Durch deine Kenntnisse und Fähigkeiten bist du in der Lage, neue Perspektiven einzubringen und kreative Lösungsansätze zu entwickeln. Deine Kompetenzen können dabei helfen, bestehende Prozesse zu verbessern, neue Geschäftsmöglichkeiten zu identifizieren und innovative Produkte oder Dienstleistungen zu entwickeln.

Darüber hinaus bist du als Mitarbeitery auch ein wichtiger Akteur bei der Umsetzung von Veränderungen und Innovationen im Unternehmen. Deine Kompetenzen ermöglichen es dir, neue Konzepte und Strategien in die Praxis umzusetzen und die erforderlichen Veränderungsprozesse aktiv mitzugestalten. Dabei ist deine Fähigkeit zur Zusammenarbeit und zur Anpassungsfähigkeit von großer Bedeutung. Indem du deine Kompetenzen gezielt einsetzt, kannst du die Implementierung von Innovationen unterstützen und den Erfolg von Veränderungsprozessen fördern.

Ein weiterer Aspekt ist deine Bereitschaft zur kontinuierlichen Weiterentwicklung deiner Kompetenzen. Indem du deine Fähigkeiten regelmäßig erweiterst und neue Kompetenzen erwirbst, bleibst du am Puls der Zeit und kannst den Anforderungen des sich ständig wandelnden Geschäftsumfelds gerecht werden. Du kannst aktiv an Weiterbildungsmaßnahmen teilnehmen, um deine Kompetenzen gezielt auszubauen. Durch deine persönliche Entwicklung trägst du dazu bei, dass das Unternehmen mit den neuesten Entwicklungen Schritt hält und sich weiterentwickelt.

Des Weiteren kannst du durch deine Kompetenzen und dein Fachwissen auch eine wichtige Rolle bei der Förderung einer innovationsfördernden Unternehmenskultur spielen. Indem du dein Wissen und deine Erfahrungen mit deinen Kollegen teilst, kannst du ein Umfeld schaffen, in dem der Austausch von Ideen gefördert wird und Innovationen gedeihen können. Du kannst als Vorbild fungieren, andere Mitarbeiterys ermutigen, ihre Kompetenzen zu entwickeln, und gemeinsam mit dem Team neue Wege gehen.

6.6 Kompetenzmanagement und Karriereplanung

Die Identifikation deiner Kompetenzen ermöglicht es dir, deine beruflichen Interessen, Talente und Neigungen besser zu verstehen. Du kannst herausfinden, in welchen Bereichen du besonders gut bist und welche Tätigkeiten dir Freude bereiten. Diese Selbsterkenntnis ist entscheidend, um eine Karriere zu planen, die zu dir passt und in der du deine Potenziale voll ausschöpfen kannst.

Basierend auf deinen Kompetenzen kannst du deine Karriereziele klar definieren und einen individuellen Karriereplan erstellen. Dieser Plan umfasst die Entwicklung deiner Kompetenzen in den relevanten Bereichen, um den Anforderungen deiner angestrebten Position oder deines gewünschten Karrierewegs gerecht zu werden.

Eine wichtige Rolle bei der Karriereplanung spielen auch die Anforderungen des Arbeitsmarktes und die sich verändernden Bedingungen in deiner Branche oder deinem Fachgebiet. Durch eine regelmäßige Beobachtung des Arbeitsmarktes und eine Analyse der aktuellen Trends und Entwicklungen kannst du frühzeitig erkennen, welche Kompetenzen in Zukunft besonders gefragt sein werden. Dies ermöglicht es dir, deine Karriereplanung entsprechend anzupassen und gegebenenfalls neue Kompetenzen zu erwerben, um wettbewerbsfähig zu bleiben. Sprich auch hier mit deiner Führungskraft, diese sollte die Trends und die Unternehmensstrategie in zukünftig notwendige Kompetenzen übersetzen können.

Ein weiterer Aspekt der Karriereplanung im Rahmen des Kompetenzmanagements ist die Kontinuität der Weiterentwicklung deiner Kompetenzen. Die Arbeitswelt unterliegt einem ständigen Wandel, neue Technologien und Arbeitsmethoden entstehen, und es ist wichtig, dass du deine Kompetenzen kontinuierlich weiterentwickelst, um den aktuellen Anforderungen gerecht zu werden. Dies umfasst sowohl fachspezifische Kompetenzen als auch überfachliche Kompetenzen wie Kommunikationsfähigkeiten, Teamarbeit, Problemlösungsfähigkeiten und Führungskompetenzen.

Indem du deine Kompetenzen gezielt weiterentwickelst und an deine Karriereziele anpasst, schaffst du optimale Voraussetzungen für deinen beruflichen Erfolg und deine Zufriedenheit im Job. Du kannst dich auf deine Stärken konzentrieren, deine Fachkenntnisse vertiefen und neue Kompetenzen erwerben, um dich beruflich weiterzuentwickeln.

> " Aller Eifer, etwas zu erreichen, nutzt freilich gar nichts, wenn Du das Mittel nicht kennst, das Dich zum erstrebten Ziele trägt und leitet."
>
> Cicero

7. Kompetenzmanagement für Führungskräfte

7.1 Kompetenzorientierte Führung

7.1.1 Rolle von Führungskräften im Kompetenzmanagement

Als Führungskraft nimmst du eine zentrale Position ein, da du die direkte Schnittstelle zwischen der Unternehmensleitung und deinen Mitarbeiterys darstellst. Du trägst die Verantwortung, die Kompetenzen deiner Mitarbeiterys zu erkennen, zu fördern und gezielt einzusetzen, um die Unternehmensziele zu erreichen.

Eine deiner Hauptaufgaben im Kompetenzmanagement besteht darin, die Kompetenzen deiner Mitarbeiterys zu identifizieren und zu bewerten. Du solltest in der Lage sein, ihre individuellen Stärken und Schwächen zu erkennen und diese Informationen nutzen, um gezielte Entwicklungsmaßnahmen einzuleiten. Dabei geht es nicht nur um die fachlichen Kompetenzen, sondern auch um die sozialen und persönlichen Fähigkeiten, die für den Erfolg im Unternehmen entscheidend sind.

Darüber hinaus spielst du als Führungskraft eine aktive Rolle bei der Entwicklung von Kompetenzen. Du solltest deine Mitarbeiterys unterstützen, indem du Schulungen, Trainings und Coaching-Maßnahmen bereitstellst oder externe Ressourcen nutzt, um die Weiterentwicklung ihrer Kompetenzen zu fördern. Durch gezielte Förderung und gezieltes Feedback kannst du bei der Entwicklung neuer Fähigkeiten unterstützen und helfen, vorhandene Kompetenzen auszubauen.

Eine weitere wichtige Aufgabe ist das Schaffen einer lern- und entwicklungsorientierten Kultur. Du solltest ein Umfeld schaffen, in dem deine Mitarbeiterys ermutigt werden, ihre Kompetenzen kontinuierlich zu erweitern und sich neuen Herausforderungen zu stellen. Dies beinhaltet die Förderung von Wissensaustausch, Teamarbeit und innovativem Denken. Du kannst beispielsweise regelmäßige Team-Meetings, interne Schulungen oder Mentoring-Programme organisieren, um den Austausch von Kompetenzen und die Zusammenarbeit zu fördern.

Eine weitere wichtige Rolle von dir besteht darin, deine Mitarbeitreys bei ihrer Karriereentwicklung zu unterstützen. Du solltest gemeinsam mit ihnen individuelle Entwicklungspläne erstellen, die ihre Karriereziele und Kompetenzlücken berücksichtigen. Dabei solltest du sie ermutigen, neue Herausforderungen anzunehmen, ihnen neue Aufgaben und Projekte übertragen und sie dabei unterstützen, ihre Kompetenzen auf ein höheres Niveau zu bringen. Dies kann auch bedeuten, ihnen neue Verantwortungsbereiche zu übertragen oder sie für Karriereschritte zu empfehlen.

Neben der aktiven Unterstützung bei der Entwicklung von Kompetenzen solltest du als Führungskraft auch eine Vorbildfunktion einnehmen. Du solltest selbst über umfassende Kompetenzen verfügen und diese kontinuierlich weiterentwickeln. Indem du selbst an deiner eigenen Entwicklung arbeitest, kannst du die Bedeutung des Kompetenzmanagements verdeutlichen und deine Mitarbeitreys motivieren, deinem Beispiel zu folgen.

In Anbetracht der sich stetig verändernden Arbeitswelt und der fortschreitenden technologischen Entwicklungen ist es als Führungskraft im Kompetenzmanagement von entscheidender Bedeutung, eine langfristige Zukunftssicht zu entwickeln. Die Entwicklung in der heutigen Arbeitsumgebung wird weiterhin von Digitalisierung, Automatisierung und künstlicher Intelligenz geprägt sein, was zu einem Wandel in den geforderten Kompetenzen führen wird.

Als visionäre Führungskraft erkennst du, dass die fachlichen Fähigkeiten deiner Mitarbeitreys zwar nach wie vor von großer Bedeutung sind, jedoch werden auch soziale und emotionale Kompetenzen in der Arbeitswelt der Zukunft einen noch höheren Stellenwert einnehmen. Teamarbeit, interkulturelle Zusammenarbeit und die Fähigkeit zur schnellen Anpassung an neue Situationen werden essenziell sein, um in einer agilen und sich wandelnden Unternehmenskultur erfolgreich zu sein.

In dieser zukunftsorientierten Perspektive liegt auch ein Fokus darauf, eine lebenslange Lernmentalität zu etablieren. Du förderst ein Umfeld, in dem kontinuierliche Weiterbildung und persönliche

Entwicklung gefördert werden, sodass deine Mitarbeiterys befähigt sind, mit den Herausforderungen der Zukunft Schritt zu halten. Dies kann durch den Einsatz von modernen Lernmethoden, Online-Kursen und maßgeschneiderten Weiterbildungsprogrammen geschehen.

Zudem erkennst du, dass Vielfalt und Inklusion in der Belegschaft nicht nur ethisch wichtig sind, sondern auch einen wertvollen Beitrag zur Kompetenzentwicklung leisten können. Indem du eine diversifizierte Belegschaft förderst, ermöglicht du einen breiteren Erfahrungsaustausch und ein höheres Maß an Kreativität und Innovationskraft.

7.1.2 Die Entwicklung der Führungsrolle im Kompetenzmanagement

Die Rolle als Führungskraft im Kompetenzmanagement wird sich in der Zukunft voraussichtlich weiterentwickeln, und es ist wichtig, dass du dich darauf vorbereitest. In der heutigen sich schnell verändernden Arbeitswelt sind Führungskräfte gefordert, ihre Teams auf neue Herausforderungen einzustellen. Technologischer Wandel geschieht in rasantem Tempo, und du musst sicherstellen, dass dein Team mit den neuesten Technologien und digitalen Werkzeugen vertraut ist.

Die Globalisierung hat zu komplexeren Arbeitsstrukturen und vielfältigeren Teams geführt. Deine Fähigkeit, interkulturelle Kompetenzen zu fördern und virtuelle Teams effektiv zu leiten, wird entscheidend sein. Agilität und Flexibilität sind nicht nur für Unternehmen, sondern auch für deine Führungskompetenzen von großer Bedeutung. Du musst sicherstellen, dass dein Team flexibel ist, neue Fähigkeiten schnell erlernen kann und sich an sich ändernde Anforderungen anpassen kann.

Soft Skills sind genauso wichtig wie technische Fähigkeiten. Deine Fähigkeiten in Bereichen wie Kommunikation, Führung und emotionaler Intelligenz werden immer entscheidender. Es ist an der Zeit, diese Fähigkeiten zu entwickeln und in deinem Team zu fördern, um eine positive Arbeitsumgebung zu schaffen.

Lebenslanges Lernen wird zur Norm. Du musst eine Lernkultur fördern und sicherstellen, dass Ressourcen für die Weiterbildung deines Teams bereitstehen. Die Erwartungen der Mitarbeiterys ändern sich, und sie suchen nach sinnvoller Arbeit, persönlicher Entwicklung und einer ausgewogenen Work-Life-Balance. Du als Führungskraft spielst eine Schlüsselrolle dabei, diese Bedürfnisse zu verstehen und zu unterstützen, um talentierte Mitarbeiterys zu gewinnen und zu halten.

Das Kompetenzmanagement wird zu einer strategischen Funktion, die eng mit der Gesamtvision und den Zielen des Unternehmens verbunden ist. Deine Rolle als Führungskraft wird mehr als je zuvor dazu beitragen, dass dein Team erfolgreich in die Zukunft geht. Sei bereit für diese Entwicklung und setze dich aktiv dafür ein, die notwendigen Kompetenzen in deinem Team zu entwickeln.

7.1.3 Förderung von Kompetenzen durch Führungskräfte

Als Führungskraft liegt es in deiner Verantwortung, die individuellen Stärken und Schwächen deiner Mitarbeiterys zu erkennen. Durch gezielte Beobachtung, regelmäßige Gespräche und Feedback kannst du ein genaues Bild von den Fähigkeiten und Potenzialen jedes Einzelnen gewinnen. Auf dieser Grundlage kannst du anschließend gezielte Entwicklungsmaßnahmen planen und umsetzen.

Um die Kompetenzentwicklung deiner Mitarbeiterys zu fördern, ist es wichtig, individuelle Entwicklungspläne zu erstellen. Diese Pläne berücksichtigen ihre spezifischen Ziele und Bedürfnisse und definieren konkrete Maßnahmen zur Weiterentwicklung. Indem du gemeinsam mit ihnen klare Ziele definierst und ihnen entsprechende Ressourcen und Unterstützung zur Verfügung stellst, schaffst du eine motivierende und förderliche Umgebung für ihre Entwicklung.

Eine weitere Möglichkeit, Kompetenzen zu fördern, besteht darin, geeignete Schulungen und Trainings anzubieten. Als Führungskraft kannst du gezielt Schulungsmaßnahmen identifizieren, die den individuellen Bedürfnissen deiner Mitarbeiterys entsprechen und ihnen dabei helfen, ihre Kompetenzen gezielt auszubauen. Du kannst sowohl interne als auch externe Schulungsressourcen nutzen, um sicherzustellen, dass das notwendige Wissen und die Fähigkeiten vorhanden sind, um die Aufgaben in deinem Verantwortungsbereich effektiv zu erfüllen.

Neben formellen Schulungen spielt auch informelles Lernen eine wichtige Rolle bei der Förderung von Kompetenzen. Als Führungskraft kannst du Lernmöglichkeiten im Arbeitsumfeld schaffen, indem du beispielsweise Mentoring-Programme etablierst, Job-Rotation ermöglicht oder regelmäßige Feedbackgespräche initiierst. Indem du die Möglichkeit gibst, durch praktische Erfahrungen zu lernen und sich kontinuierlich weiterzuentwickeln, förderst du die Kompetenzen deiner Mitarbeiterys auf nachhaltige Weise.

Eine weitere wichtige Aufgabe besteht darin, ein Klima des Vertrauens und der Offenheit zu schaffen, in dem jeder bereit ist, neue Herausforderungen anzunehmen und sich weiterzuentwickeln. Indem du eine positive und unterstützende Arbeitsatmosphäre förderst, kannst du das Engagement und die Motivation deiner Mitarbeiterys steigern. Gleichzeitig schaffst du einen Rahmen, in dem deine Mitarbeiterys bereit sind, aus ihren Fehlern zu lernen und innovative Ideen einzubringen.

Darüber hinaus spielst du als Führungskraft eine wichtige Rolle bei der Anerkennung und Wertschätzung der Kompetenzen deiner Mitarbeiterys. Indem du ihre Leistungen anerkennst und sie für ihre Erfolge lobst, motivierst du sie, kontinuierlich an ihrer Kompetenzentwicklung zu arbeiten. Diese Anerkennung kann sowohl öffentlich als auch privat erfolgen und sollte regelmäßig und auf individueller Ebene stattfinden.

7.1.4 Unterstützung bei der individuellen Kompetenzentwicklung

Eine wichtige Unterstützung, die du als Führungskraft bieten kannst, ist die Bereitstellung von Ressourcen und Möglichkeiten zur Weiterbildung. Indem du deine Mitarbeiterys ermutigst und finanzielle Mittel sowie den zeitlichen Freiraum zur Verfügung stellst, um ihr Wissen und ihre Fähigkeiten zu erweitern, ermöglicht es ihnen, sich gezielt weiterzuentwickeln und neue Kompetenzen zu erwerben.

Darüber hinaus kannst du als Führungskraft gezieltes Coaching und Mentoring anbieten. Wenn du deinen Mitarbeiterys persönliche Unterstützung und Anleitung bietest, kannst du ihnen helfen, ihre Stärken zu stärken und an ihren Schwächen zu arbeiten. Durch regelmäßiges Feedback und konstruktive Kritik gibst du ihnen Orientierung und hilfst ihnen, ihre Kompetenzen gezielt weiterzuentwickeln.

Ein weiterer wichtiger Aspekt ist die Schaffung von Entwicklungsmöglichkeiten im Arbeitsumfeld. Dies kann beispielsweise Job-Rotation, die Übernahme neuer Projekte oder die Teilnahme an interdisziplinären Teams umfassen. Gib deinen Mitarbeiterys die Möglichkeit, neue Herausforderungen anzunehmen und ihre Fähigkeiten in verschiedenen Kontexten einzusetzen. So förderst du ihre Kompetenzentwicklung und ermöglicht ihnen eine vielseitige Erfahrung.

> *"Unterstützen bedeutet begleiten und nicht abnehmen."*
>
> Georg-Wilhelm Exler

7.2 Kompetenzanalyse und -entwicklung

7.2.1 Identifikation von Kompetenzen

Die Identifikation von Kompetenzen beginnt mit einer genauen Beobachtung der Leistung und des Verhaltens deiner Mitarbeiterys. Du solltest regelmäßig die Arbeitsweise, die Ergebnisse und die Reaktionen auf verschiedene Situationen beobachten. Indem du genau hinsiehst, kannst du bestimmte Muster, Fähigkeiten und Talente erkennen, die deine Mitarbeiterys auszeichnen.

Du solltest immer den direkten Austausch mit deinen Mitarbeiterys suchen, um auf der einen Seite ihre Kompetenzen besser zu verstehen, auf der anderen Seite aber auch dir noch unbekannte Fähigkeiten aufzudecken. Führe regelmäßige Gespräche, in denen du nach Erfahrungen, Fähigkeiten und Interessen fragst. Frage ruhig gezielt nach herausragenden Leistungen, Projekten, in denen sich deine Mitarbeiterys besonders engagiert haben, oder nach Aufgaben, die ihnen besonders gut liegen. Indem du aktiv zuhörst und gezielt Fragen stellst, erhältst du wertvolle Informationen über die individuellen Kompetenzen deiner Mitarbeiterys.

Feedbacks und Leistungsbeurteilungen können wichtige Hinweise auf die Kompetenzen deiner Mitarbeiterys liefern. Indem du regelmäßig Feedback gibst und die Leistung bewertest, erhältst du Einblicke in Stärken und Entwicklungsbereiche. Achte dabei nicht nur auf fachliche Kompetenzen, sondern auch auf soziale und persönliche Kompetenzen wie Teamfähigkeit, Kommunikationsfähigkeit oder Problemlösungskompetenz.

Eine weitere Möglichkeit, Kompetenzen zu identifizieren, besteht darin, mit anderen Führungskräften und Kollegen über deine Mitarbeiterys zu sprechen. Erfahrungsaustausch und gemeinsame Beobachtungen können zusätzliche Perspektiven bieten und dazu beitragen, ein umfassendes Bild über die vorhandenen Kompetenzen zu gewinnen.

Neben der Identifikation von bestehenden Kompetenzen ist es auch wichtig, das Potenzial zur Weiterentwicklung zu erkennen. Nimm dir die Zeit, um mit deinen Mitarbeiterys über ihre beruflichen Ziele und Ambitionen zu sprechen. Identifiziere die Bereiche, in denen sie Interesse an neuen Herausforderungen oder Weiterbildung haben. Indem du ihre Entwicklungswünsche ernst nimmst und unterstützt, zeigst du ihnen, dass du an ihre Fähigkeiten und ihr Potenzial glaubst.

7.2.2 Kompetenzbewertung und -potenzialanalyse

Die Kompetenzbewertung ermöglicht es dir, die vorhandenen Fähigkeiten, Kenntnisse und Erfahrungen deiner Mitarbeiterys einzuschätzen. Du kannst dabei auf verschiedene Instrumente zurückgreifen, wie beispielsweise Leistungsbeurteilungen, 360-Grad-Feedback oder Kompetenzraster. Durch gezielte Gespräche und Beobachtungen erhältst du einen umfassenden Überblick über die vorhandenen Kompetenzen und kannst Stärken und Entwicklungsbereiche identifizieren.

Im Rahmen der Kompetenzbewertung solltest du möglichst objektive Kriterien und Maßstäbe anlegen, um eine faire und nachvollziehbare Bewertung vorzunehmen. Dabei ist es wichtig, die beruflichen Anforderungen und Ziele zu berücksichtigen und die Bewertung auf konkrete Kompetenzbereiche oder Kompetenzmodelle auszurichten. Die Kommunikation über die Bewertungsergebnisse sollte transparent und konstruktiv erfolgen, um ein gemeinsames Verständnis von Stärken und Entwicklungs-potenzialen zu schaffen.

Parallel zur Kompetenzbewertung kannst du auch eine Potenzialanalyse durchführen. Diese zielt darauf ab, das individuelle Entwicklungspotenzial zu erkennen und zu nutzen. Hierbei geht es nicht nur um deine aktuellen Kompetenzen, sondern auch um zukünftige Entwicklungsmöglichkeiten und Karriereperspektiven.

Die Potenzialanalyse hilft dir dabei, herauszufinden, welche deiner Mitarbeiterys das Potenzial haben, sich weiterzuentwickeln, zusätzliche Verantwortung zu übernehmen oder in höhere Positionen aufzusteigen. Du kannst Talente identifizieren, gezielt fördern und ihnen Entwicklungsmöglichkeiten aufzeigen. Gleichzeitig kannst du mögliche Lücken oder Engpässe in Bezug auf bestimmte Kompetenzen oder Funktionen erkennen und geeignete Maßnahmen ergreifen, wie beispielsweise gezielte Schulungen oder die Einbindung externer Experten.

Eine erfolgreiche Potenzialanalyse erfordert eine enge Zusammenarbeit zwischen dir als Führungskraft, der Personalabteilung und deinen Mitarbeiterys. Es ist wichtig, dass Ergebnisse transparent kommuniziert werden und in konkrete Entwicklungsmaßnahmen überführt werden. Darüber hinaus sollten deine

Mitarbeiterys die Möglichkeit haben, ihre eigenen Ziele und Interessen einzubringen und in den Entwicklungsprozess einzubeziehen.

Die Kompetenzbewertung und -potenzialanalyse durch dich als Führungskraft erfordern eine professionelle und objektive Herangehensweise. Indem du die Kompetenzen deiner Mitarbeiterys bewertest, ihr Potenzial analysierst und gezielte Entwicklungsmaßnahmen ableitest, kannst du ihre individuelle Entwicklung fördern, die richtigen Talente identifizieren und die langfristige Stabilität und Wettbewerbsfähigkeit deines Teams oder deiner Organisation sicherstellen.

7.2.3 Entwicklung von Kompetenzen durch Schulungen und Trainings

Der erste Schritt bei der Entwicklung von Kompetenzen durch Schulungen und Trainings bist du als Führungskraft, indem du die Entwicklungsbedarfe deiner Mitarbeiterys identifizierst. Hierbei kannst du auf verschiedene Instrumente zurückgreifen, wie zum Beispiel Mitarbeitergespräche, Leistungsbeurteilungen oder Kompetenzanalysen. Durch gezielte Gespräche und Feedback erhältst du Einblicke in die Stärken und Schwächen deiner Mitarbeiterys und kannst feststellen, in welchen Bereichen Schulungen und Trainings sinnvoll sind.

Auf Basis dieser Erkenntnisse kannst du gemeinsam mit jedem individuelle Entwicklungspläne erstellen. Dabei berücksichtigst du die beruflichen Ziele und Ambitionen deiner Mitarbeiterys und richtest die Schulungen und Trainings darauf aus. Definiere klare Ziele, die sie durch die Teilnahme an Schulungen und Trainings erreichen sollen.

Im nächsten Schritt kannst du geeignete Schulungs- und Trainingsmaßnahmen auswählen. Hierbei ist es wichtig, die Bedürfnisse deiner Mitarbeiterys zu berücksichtigen und darauf zu achten, dass die Schulungen und Trainings den gewünschten Lerninhalt abdecken.

Nach Abschluss der Schulungen und Trainings ist es wichtig, den Transfer des Gelernten in den Arbeitsalltag zu unterstützen. Führe regelmäßige Feedbackgespräche mit deinen Mitarbeiterys durch, um zu erfahren, wie sie das Gelernte umsetzen und wo möglicherweise weitere Unterstützung benötigt wird. Gib ihnen konstruktives Feedback und ermutige sie, das Gelernte anzuwenden und weiterzuentwickeln.

Eins sei an dieser Stelle noch erwähnt. Die persönliche Entwicklung deiner Mitarbeiterys muss nicht zwangsläufig einen direkten Bezug zu deinem eigenen Bereich haben. Es kann durchaus vorkommen, dass bestimmte Schulungen oder Trainings einen Karriereschritt vorbereiten oder die Möglichkeit bieten, neue Kompetenzen zu erwerben, die momentan noch nicht in deinem Verantwortungsbereich liegen.

Als Führungskraft ist es wichtig, diese individuellen Entwicklungswege zu respektieren und zu unterstützen, auch wenn sie möglicherweise nicht unmittelbar in deinem Bereich Anwendung finden. Die berufliche Weiterentwicklung der Mitarbeiterys sollte als gemeinsames Ziel betrachtet werden, das über die Grenzen der jeweiligen Abteilung hinausgeht.

Dennoch ist es essenziell, dass die Anforderungen und Ziele deines Unternehmens bei allen Entscheidungen im Kompetenzmanagement Berücksichtigung finden. Obwohl die persönliche Entwicklung deiner Mitarbeiterys von zentraler Bedeutung ist, darf sie nicht losgelöst von den strategischen Vorgaben und Anforderungen des Unternehmens betrachtet werden.

Indem du die Entwicklungspläne und Schulungsmaßnahmen sorgfältig auf die Unternehmensziele abstimmst, schaffst du eine Win-Win-Situation. Die Mitarbeiterys können ihre Kompetenzen individuell entfalten und gezielt weiterentwickeln, während ihre erworbenen Fähigkeiten gleichzeitig einen Mehrwert für das Unternehmen schaffen.

Eine ausgewogene Balance zwischen persönlicher Entwicklung und Unternehmenszielen trägt dazu bei, dass die Belegschaft motiviert und zufrieden ist, während das Unternehmen von einem hochqualifizierten und leistungsfähigen Team profitiert.

Indem du als Führungskraft diese Verbindung herstellst und die Mitarbeiterentwicklung im Kontext der Unternehmensanforderungen betrachtest, förderst du eine harmonische und effektive Kompetenzentwicklung im gesamten Unternehmen. So wird die Personalentwicklung zu einem bedeutenden Baustein für den nachhaltigen Erfolg und die Wettbewerbsfähigkeit des Unternehmens.

7.2.4 Coaching und Mentoring als Unterstützungsinstrumente

Beim Coaching geht es darum, deinen Mitarbeiterys individuelle Unterstützung zu bieten und sie bei der Erreichung ihrer Ziele zu begleiten. Du dienst als Sparringspartner, der ihnen hilft, Herausforderungen zu bewältigen, Lösungsansätze zu entwickeln und ihre Kompetenzen weiterzuentwickeln. Im Rahmen des Coachings kannst du durch gezielte Fragen, Reflexion und Feedback den Entwicklungsprozess deiner Mitarbeiterys unterstützen. Du hilfst ihnen dabei, ihre Stärken auszubauen, an ihren Schwächen zu arbeiten und ihre beruflichen Fähigkeiten kontinuierlich zu verbessern.

Mentoring hingegen bezieht sich auf eine langfristige Beziehung, in der du als erfahrene Führungskraft die Expertise und Erfahrungen an einen Mentee weitergibst. Hier fungierst du als Vorbild und Ratgeber, der Orientierung oder Feedback gibt und wertvolle Ratschläge für eine berufliche Entwicklung bietet. Im Mentoring-Prozess kannst du helfen, Karriereziele zu definieren, Kompetenzen zu erweitern und berufliche Herausforderungen erfolgreich zu meistern. Durch den regelmäßigen Austausch schaffst du eine vertrauensvolle Atmosphäre, in der sich deine Mitarbeiterys weiterentwickeln können.

Sowohl Coaching als auch Mentoring erfordern von dir als Führungskraft bestimmte Fähigkeiten und Qualitäten. Du musst in der Lage sein, aktiv zuzuhören, die Bedürfnisse deiner Mitarbeiterys zu erkennen und individuelle Entwicklungspläne zu erstellen. Dabei ist es wichtig, deine Mitarbeiterys zu ermutigen, ihre eigenen Lösungen zu finden und selbstverantwortlich zu handeln. Du unterstützt sie dabei, ihre Selbstreflexion und ihr eigenes Lernverhalten zu fördern. Durch dein Feedback und deine Unterstützung kannst du eine positive Lernumgebung schaffen, in der sich deine Mitarbeiterys sicher fühlen, neue Fähigkeiten auszuprobieren und aus Fehlern zu lernen.

Coaching und Mentoring als Unterstützungsinstrumente bieten zahlreiche Vorteile. Sie stärken das Vertrauensverhältnis zwischen dir und Ihren Mitarbeiterys, fördern die persönliche und berufliche Entwicklung und steigern die Motivation und Zufriedenheit am Arbeitsplatz. Indem du deine Mitarbeiterys aktiv begleitest und unterstützt, trägst du zu ihrem Erfolg bei und stärkst gleichzeitig die Effektivität und Leistungsfähigkeit des gesamten Teams oder der Organisation.

Solltest du dich noch nicht bereit fühlen, die Rolle als Coach oder Mentor für deine Mitarbeiterys einzunehmen, ist das völlig in Ordnung. Es ist wichtig, dass du dich in dieser Rolle wohl fühlst und bereit bist, die verantwortungsvolle Aufgabe zu übernehmen. Die Entscheidung, eine solche Rolle einzunehmen, sollte immer auf Freiwilligkeit und Überzeugung beruhen, da Coaching und Mentoring eine enge und vertrauensvolle Zusammenarbeit erfordern.

Es gibt jedoch auch eine alternative Möglichkeit, die Entwicklung deiner Mitarbeiterys zu fördern, ohne dass du selbst als Coach oder Mentor agierst. Du könntest diese vertrauensvolle Aufgabe einem erfahrenen Kollegen überlassen, der bereits Coaching- oder Mentoring-Erfahrung hat. Dieser Ansatz ermöglicht es deinen Mitarbeiterys, von einem anderen Blickwinkel und einer anderen Erfahrung zu profitieren, was ihre persönliche Entwicklung bereichern kann.

Darüber hinaus kann es für die persönliche Entwicklung der Mitarbeiterys hilfreich sein, wenn nicht die direkte Führungskraft als Coach oder Mentor auftritt. Ein externer Coach oder erfahrener Kollege kann ein neutralerer Ansprechpartner sein und es den Mitarbeiterys ermöglichen, auch Themen zu besprechen, die möglicherweise mit der Führungskraft in Verbindung stehen. Dies kann zu offeneren Gesprächen und einem sichereren Raum für den Austausch von Herausforderungen oder Bedenken führen.

Letztendlich ist es entscheidend, dass die Entwicklung der Mitarbeiterys in einer vertrauensvollen und unterstützenden Umgebung stattfindet, unabhängig davon, wer diese Rolle als Coach oder Mentor einnimmt. Die individuellen Bedürfnisse und Wünsche der Mitarbeiterys sollten stets respektiert werden, und es ist wichtig, ihnen die Möglichkeit zu geben, die für sie passende Unterstützung für ihre persönliche Entwicklung zu wählen. In diesem Prozess kannst du als Führungskraft eine wertvolle Rolle spielen, indem du die Entwicklungsbereitschaft deiner Mitarbeiterys erkennst und sie dabei unterstützt, den für sie besten Weg zu wählen.

> "Coaching is unlocking a person's potential to maximize their growth."
>
> John Whitmore

7.3 Integration von Kompetenzmanagement in HR-Prozesse

Die Integration von Kompetenzmanagement in deine HR-Prozesse bietet dir die Möglichkeit, den richtigen Mitarbeitery zur richtigen Zeit am richtigen Ort einzusetzen. Durch eine gründliche Personalplanung kannst du sicherstellen, dass deine Teams über die erforderlichen Kompetenzen verfügen, um die strategischen Ziele deines Unternehmens zu erreichen. Mit einer proaktiven und zielgerichteten Herangehensweise an das Kompetenzmanagement kannst du langfristige Wettbewerbsvorteile erzielen und das Wachstum und die Entwicklung deines Unternehmens fördern.

7.3.1 Personalplanung und -beschaffung

Als Führungskraft bist du maßgeblich dafür verantwortlich, die richtigen Mitarbeiterys mit den passenden Kompetenzen zu identifizieren und einzustellen, um die Ziele deines Bereichs und des Unternehmens effektiv zu erreichen.

Die Personalplanung beginnt mit einer gründlichen Analyse der aktuellen und zukünftigen Anforderungen an dein Team oder deine Abteilung. Du musst die spezifischen Kompetenzen identifizieren, die für die erfolgreiche Bewältigung der anstehenden Aufgaben und Projekte erforderlich sind. Dies kann die Fähigkeit zur Problemlösung, technisches Know-how, zwischenmenschliche Fertigkeiten oder spezialisierte Kenntnisse in bestimmten Bereichen umfassen.

Sobald du die erforderlichen Kompetenzen identifiziert hast, musst du den aktuellen Personalbestand und die vorhandenen Kompetenzen in deinem Team bewerten. Dies ermöglicht dir, eventuelle Lücken oder Engpässe zu erkennen, die es zu überbrücken gilt. Eine genaue Kenntnis der vorhandenen Ressourcen ist unerlässlich, um gezielt nach externen oder internen Kandidatys suchen zu können.

Bei der Personalbeschaffung hast du verschiedene Möglichkeiten. Eine Option besteht darin, intern nach geeigneten Kandidatys zu suchen. Dies kann bedeuten, dass du Mitarbeiterys aus anderen Abteilungen oder Teams in Betracht ziehst, die über die gewünschten Kompetenzen verfügen oder das Potenzial haben, diese zu entwickeln. Interne Versetzungen oder die Förderung von Mitarbeiterys können dabei helfen, Wissen und Erfahrung im Unternehmen zu halten und den Mitarbeiterys neue Entwicklungsmöglichkeiten zu bieten. Hier bietet es sich an, eine Kompetenzmanagementsoftware zu nutzen, die unternehmensweit die Kompetenzdaten verwaltet. Das Thema Kompetenzmanagementsoftware wird in Kapitel 11 dieses Buches ausführlich behandelt.

Für den Fall, dass keine geeigneten internen Kandidatys verfügbar sind, müssen externe Quellen genutzt werden. Hierzu gehören beispielsweise Stellenanzeigen, die Veröffentlichung von Stellenangeboten auf Online-Plattformen oder die Zusammenarbeit mit Personalvermittlungsagenturen. Es ist wichtig, dass du die erforderlichen Kompetenzen klar in den Stellenbeschreibungen kommunizierst, um potenzielle Bewerberys anzusprechen, die über die benötigten Fähigkeiten verfügen.

Bei der Auswahl der Kandidatys ist es entscheidend, dass du dich nicht nur auf die fachlichen Qualifikationen konzentrierst, sondern auch auf die kulturelle Passung und die Soft Skills der Bewerberys achtest. Ein umfassender Auswahlprozess, der nicht zwangsläufig nur Interviews und Referenzen umfasst, kann dir helfen, die am besten geeigneten Personen für die Stelle auszuwählen.

Sobald du neue Mitarbeiterys eingestellt hast, ist es wichtig, ihre Einarbeitung und Integration in das Team sorgfältig zu planen. Hierbei kannst du auf dein Kompetenzmanagement-System zurückgreifen, um individuelle Entwicklungspläne zu erstellen und sicherzustellen, dass die neuen Mitarbeiterys die notwendigen Schulungen und Unterstützung erhalten, um ihre Kompetenzen weiterzuentwickeln und effektiv zum Erfolg des Unternehmens beizutragen.

7.3.2 Performance Management und Zielvereinbarungen

Wenn du ein gutes Performance Management in deinem Bereich betreiben möchtest, solltest du mit einer klaren Definition von Zielen und Erwartungen beginnen. Gemeinsam mit deinen Mitarbeiterys erarbeitest du dabei Ziele, die sowohl zu den übergeordneten Unternehmenszielen als auch zu den individuellen Kompetenzen und Fähigkeiten der Mitarbeiterys passen.

Die Erfahrungen der VUKA-World könnten das bestehende SMART-Konzept bei der Zieldefinition ergänzen oder ersetzen. Statt nur auf klare und messbare Ziele zu setzen, betont die VUKA-World die Anpassungsfähigkeit in unsicheren und komplexen Umgebungen. Ziele könnten agiler und flexibler formuliert werden, um Veränderungen besser zu berücksichtigen. Die VUKA-World fördert auch Kreativität und Innovation, indem sie Raum für Experimente und neue Ideen lässt. So bietet sie einen modernen Ansatz für die Zielsetzung, der besser auf die heutige Geschäftswelt zugeschnitten ist und eine kontinuierliche Entwicklung ermöglicht.

Im Rahmen des Performance Managements ist es wichtig, regelmäßige Feedbackgespräche mit deinen Mitarbeiterys zu führen. Diese Gespräche dienen nicht nur dazu, die Leistung zu bewerten, sondern auch als Möglichkeit, Stärken und Entwicklungsbereiche zu identifizieren. Durch offene und konstruktive Kommunikation kannst du individuelle Entwicklungsmöglichkeiten aufzeigen und Unterstützung bei der Erreichung der Ziele bieten.

Ein weiterer Aspekt des Performance Managements ist die kontinuierliche Leistungsbeurteilung. Durch regelmäßige Überprüfungen und Evaluierungen kannst du den Fortschritt deiner Mitarbeiterys beobachten und gegebenenfalls Anpassungen vornehmen. Dies ermöglicht dir, frühzeitig auf Schwierigkeiten oder Hindernisse zu reagieren und geeignete Maßnahmen zur Verbesserung der Leistung zu ergreifen.

Zielvereinbarungen spielen eine entscheidende Rolle im Performance Management. Indem du klare, herausfordernde und erreichbare Ziele setzt, schaffst du Motivation und Engagement bei deinen Mitarbeiterys. Zielvereinbarungen sollten gemeinsam entwickelt werden, um sicherzustellen, dass die Mitarbeiterys ein Mitspracherecht haben und sich mit den Zielen identifizieren können. Dies fördert das Gefühl der Eigenverantwortung und stärkt die intrinsische Motivation.

Neben der regelmäßigen Überprüfung der Leistung solltest du auch Möglichkeiten zur Anerkennung und Belohnung schaffen. Eine angemessene Anerkennung für gute Leistungen kann die Motivation steigern und das Engagement fördern. Dies kann beispielsweise in Form von finanziellen Anreizen, Weiterbildungsmaßnahmen oder öffentlicher Anerkennung geschehen.

Das Performance Management sollte nicht als einmaliger Prozess betrachtet werden, sondern als kontinuierlicher Zyklus der Verbesserung und Entwicklung. Indem du deine Mitarbeiterys kontinuierlich unterstützt, Feedback gibst und Ziele setzt, schaffst du eine Kultur der kontinuierlichen Verbesserung und förderst die individuelle Kompetenzentwicklung.

7.3.3 Talentmanagement und Nachfolgeplanung

Talentmanagement beginnt mit einer gezielten Identifizierung und Auswahl von vielversprechenden Mitarbeiterys. Du solltest ein Auge auf Talente haben, die über herausragende Kompetenzen, Leistungen und Potenziale verfügen, um zukünftige Führungskräfte oder Fachexperten zu entwickeln. Dies erfordert eine umfassende Kenntnis deiner Mitarbeiterys, ihrer Fähigkeiten, Stärken und Entwicklungsbereiche.

Um ein effektives Talentmanagement umzusetzen, solltest du individuelle Entwicklungspläne für deine vielversprechenden Talente erstellen. Dies kann beinhalten, ihnen anspruchsvolle Projekte und Aufgaben zu übertragen, ihnen gezielte Schulungs- und Weiterbildungsmöglichkeiten anzubieten oder sie in Mentoring-Programmen einzubinden. Durch gezielte Entwicklungsmaßnahmen förderst du das Wachstum und die Karriereentwicklung deiner Talente, um ihre Führungskompetenzen zu stärken.

Ein weiterer wichtiger Aspekt des Talentmanagements ist die Schaffung einer Unternehmenskultur, die die Bindung und langfristige Motivation deiner Talente unterstützt. Es ist entscheidend, ein Umfeld zu schaffen, in dem Talente sich wertgeschätzt fühlen, ihre Arbeit schätzen und sich mit den Unternehmenswerten identifizieren können. Dies kann durch die Förderung einer offenen Kommunikation, die Bereitstellung von Entwicklungsmöglichkeiten und die Anerkennung von Leistungen erreicht werden.

Parallel zum Talentmanagement ist die Nachfolgeplanung von großer Bedeutung. Dies beinhaltet die Identifizierung von Schlüsselpositionen in deiner Organisation und die Sicherstellung, dass für diese Positionen potenzielle Nachfolgerys vorhanden sind. Eine systematische Nachfolgeplanung ermöglicht es dir, den reibungslosen Übergang bei Abwesenheit oder Ausscheiden einer Führungskraft oder eines Fachexperten zu gewährleisten und die Kontinuität der Geschäftsabläufe sicherzustellen.

Um eine erfolgreiche Nachfolgeplanung umzusetzen, solltest du einen Talentpool aufbauen, in dem potenzielle Nachfolgerys identifiziert und gezielt entwickelt werden. Dies kann durch spezielle Entwicklungsprogramme, Job-Rotation oder Mentoring-Beziehungen erfolgen. Die Nachfolgeplanung erfordert eine langfristige Perspektive und die kontinuierliche Beobachtung der Entwicklung der Talente, um sicherzustellen, dass sie auf zukünftige Führungspositionen vorbereitet sind.

Eine effektive Integration von Kompetenzmanagement in das Talentmanagement und die Nachfolgeplanung ermöglicht es dir, langfristig erfolgreiche Führungskräfte zu entwickeln und sicherzustellen, dass dein Unternehmen auch in Zeiten des Wandels und der Veränderung gut aufgestellt ist. Indem du Talente identifizierst, entwickelst und bindest, schaffst du eine talentorientierte Kultur und sorgst für eine kontinuierliche Versorgung mit kompetenten und qualifizierten Mitarbeiterys.

7.4 Kompetenzmanagement im Change-Management
7.4.1 Umgang mit Veränderungen und Kompetenzbedarfen

Der Umgang mit Veränderungen erfordert zunächst eine klare Kommunikation und einen offenen Dialog mit deinen Mitarbeiterys. Es ist wichtig, den Zweck der Veränderungen zu erklären, die Vorteile und Herausforderungen zu verdeutlichen und ein gemeinsames Verständnis für den Veränderungsprozess zu schaffen. Durch eine transparente Kommunikation kannst du Ängste und Widerstände reduzieren und das Vertrauen deiner Mitarbeiterys gewinnen.

Im Zuge des Veränderungsprozesses musst du den Kompetenzbedarf deiner Mitarbeiterys analysieren. Dies umfasst die Identifizierung der neuen Kompetenzen, Fähigkeiten und Kenntnisse, die für die erfolgreiche Bewältigung der Veränderungen erforderlich sind. Es ist wichtig, den Ist-Zustand der Kompetenzen zu bewerten und mögliche Lücken zu erkennen. Auf dieser Grundlage kannst du gezielte Entwicklungsmaßnahmen planen und umsetzen.

Der Umgang mit Veränderungen erfordert ein kontinuierliches Lernen und die Bereitschaft zur Weiterentwicklung. Als Führungskraft solltest du eine Lernkultur fördern, in der deine Mitarbeiterys die Möglichkeit haben, neue Kompetenzen zu erwerben und ihr Wissen zu erweitern. Dies kann durch Schulungen, Workshops, Mentoring oder den Austausch von Best Practices erfolgen. Indem du deine Mitarbeiterys unterstützt und ihnen Entwicklungsmöglichkeiten bietest, stärkst du ihre Fähigkeiten und erhöhst ihre Anpassungsfähigkeit an Veränderungen.

Darüber hinaus solltest du deine Mitarbeiterys aktiv in den Veränderungsprozess einbeziehen. Dies beinhaltet das Erkennen von individuellen Stärken und das Nutzen des Potenzials deiner Mitarbeiterys, um Veränderungen erfolgreich umzusetzen. Du kannst sie beispielsweise in Projektteams einbinden, Verantwortung übertragen und ihnen die Möglichkeit geben, Ideen einzubringen. Durch die Einbeziehung fühlen sie sich gehört und engagieren sich stärker für den Veränderungsprozess.

Ein weiterer wichtiger Aspekt ist die Unterstützung und Begleitung während des Veränderungsprozesses. Veränderungen können mit Unsicherheit und Stress verbunden sein. Es ist daher wichtig, eine unterstützende und empathische Haltung einzunehmen. Indem du auf die Bedürfnisse und Sorgen deiner Mitarbeiterys eingehst, Ressourcen zur Verfügung stellst und ihnen bei der Bewältigung von Herausforderungen hilfst, schaffst du ein positives Arbeitsumfeld und förderst die Motivation und Leistungsbereitschaft.

Schließlich ist es wichtig, den Veränderungsprozess kontinuierlich zu überwachen und anzupassen. Veränderungen sind oft dynamisch und erfordern Flexibilität. Als Führungskraft solltest du Feedbackmechanismen etablieren, um den Fortschritt zu bewerten, Hindernisse zu identifizieren und gegebenenfalls Anpassungen vorzunehmen. Durch eine regelmäßige Reflexion und Evaluation kannst du sicherstellen, dass der Veränderungsprozess effektiv und zielgerichtet bleibt.

Indem du einen proaktiven und kompetenzbasierten Ansatz im Umgang mit Veränderungen verfolgst, kannst du sicherstellen, dass deine Mitarbeiterys die notwendigen Kompetenzen entwickeln und bereit sind, Veränderungen erfolgreich zu bewältigen. Deine Unterstützung, Kommunikation und Weiterentwicklungsbemühungen spielen dabei eine entscheidende Rolle für den Erfolg des Veränderungsprozesses.

7.4.2 Kompetenzmanagement als Instrument zur Anpassung an neue Anforderungen

Das Kompetenzmanagement beginnt mit einer genauen Analyse der vorhandenen Kompetenzen in deinem Team. Es ist wichtig, die Stärken, Fähigkeiten und Erfahrungen deiner Mitarbeiterys zu kennen, um eine solide Basis für die Anpassung an neue Anforderungen zu schaffen. Dies kannst du durch eine Kombination von Selbsteinschätzung, Feedback von Vorgesetzten und Kollegen sowie Kompetenzanalysen erreichen. Durch diese Analyse kannst du potenzielle Lücken in den Kompetenzen identifizieren, die es zu schließen gilt.

Basierend auf der Analyse der Kompetenzen kannst du individuelle Entwicklungspläne erstellen, um die Mitarbeiterys gezielt auf die neuen Anforderungen vorzubereiten. Diese Entwicklungspläne können verschiedene Maßnahmen umfassen, wie beispielsweise Schulungen, Weiterbildungen, Mentoring oder Job-Rotation. Durch gezielte Entwicklungsbemühungen stärkst du die Kompetenzen deiner Mitarbeiterys und ermöglicht ihnen eine erfolgreiche Anpassung an die neuen Herausforderungen.

Eine enge Kommunikation und Zusammenarbeit mit deinen Mitarbeiterys sind von entscheidender Bedeutung, um ihre individuellen Kompetenzen zu identifizieren und zu fördern. Es ist wichtig, eine offene und vertrauensvolle Atmosphäre zu schaffen, in der deine Mitarbeiterys sich sicher fühlen, ihre Bedürfnisse und Anliegen zu äußern. Auf dieser Basis kannst du individuelle Entwicklungspläne gestalten, die auf die spezifischen Anforderungen und Ziele jedes Mitarbeitery zugeschnitten sind.

Das Kompetenzmanagement als Instrument zur Anpassung an neue Anforderungen erfordert auch eine kontinuierliche Weiterentwicklung deiner Führungskompetenzen. Du solltest selbst bereit sein, neue Fähigkeiten zu erlernen und dich den Veränderungen anzupassen. Durch den Aufbau deiner eigenen Kompetenzen kannst du Vorbild sein und deine Mitarbeiterys motivieren, ihre Kompetenzen ebenfalls zu erweitern. Es ist wichtig, die Veränderungen aktiv voranzutreiben und eine Kultur des lebenslangen Lernens zu fördern.

Darüber hinaus solltest du den Wert des Wissenstransfers innerhalb deines Teams erkennen und fördern. Erfahrene Mitarbeiterys, die über spezifisches Wissen und Erfahrungen verfügen, können wertvolle Mentoren für jüngere oder weniger erfahrene Kollegys sein. Durch den Austausch von Wissen und die Zusammenarbeit zwischen Mitarbeiterys können neue Kompetenzen schneller entwickelt und der Anpassungsprozess beschleunigt werden.

Indem du das Kompetenzmanagement als Instrument zur Anpassung an neue Anforderungen nutzt, schaffst du die Grundlage für einen erfolgreichen Veränderungsprozess. Deine Unterstützung, Kommunikation und gezielten Entwicklungsbemühungen tragen dazu bei, dass deine Mitarbeiterys über die erforderlichen Fähigkeiten und Kompetenzen verfügen, um den neuen Herausforderungen gerecht zu werden und den Wandel erfolgreich zu gestalten.

7.4.3 Kompetenztransfer und Wissenstransfer bei organisatorischem Wandel

Im Kontext des Kompetenzmanagements im Change-Management spielst du als Führungskraft eine entscheidende Rolle. Du trägst die Verantwortung dafür, sicherzustellen, dass das Wissen und die Kompetenzen deiner Mitarbeiterys effektiv übertragen werden, um den Wandel zu unterstützen und eine kontinuierliche Leistungsfähigkeit zu gewährleisten.

Der Kompetenztransfer beginnt mit der Identifizierung der relevanten Kompetenzen und des wertvollen Wissens innerhalb deiner Organisation. Es ist wichtig, die Fachkenntnisse, Fähigkeiten und Erfahrungen deiner Mitarbeiterys zu erfassen und zu verstehen, um den Transferprozess gezielt zu gestalten. Dies kann durch individuelle Gespräche, Team-Meetings, Kompetenzanalysen oder Bestandsaufnahmen des Wissens erfolgen. Durch diese Identifizierung schaffst du eine Basis, um das Wissen gezielt zu übertragen.

Du solltest eine Kultur des Wissenstransfers fördern, in der der Austausch von Wissen und Erfahrungen als wichtige Ressource betrachtet wird. Dies kann beispielsweise durch die Schaffung von geeigneten Plattformen und Kanälen für den Wissensaustausch erfolgen, wie interne Social-Media-Plattformen, Mentoring-Programme oder regelmäßige Team-Meetings. Indem du den Wissenstransfer als Priorität setzt und Raum für den Austausch schaffst, motivierst du deine Mitarbeiterys, ihr Wissen zu teilen und voneinander zu lernen.

Ein effektiver Wissenstransfer erfordert auch eine klare Kommunikation und eine gezielte Auswahl der Transfermethoden. Du solltest sicherstellen, dass die Informationen und das Wissen in einer verständlichen und zugänglichen Form vermittelt werden. Dies kann durch Schulungen, Workshops, Informationsmaterialien oder dokumentierte Best Practices geschehen. Es ist wichtig, die Bedürfnisse und Präferenzen deiner Mitarbeiterys zu berücksichtigen und die Transfermethoden entsprechend anzupassen.

Darüber hinaus spielt die Rolle von Mentoring und Coaching eine wichtige Funktion beim Wissenstransfer. Du kannst erfahrene Mitarbeiterys dazu ermutigen, ihr Wissen und ihre Erfahrungen mit jüngeren oder weniger erfahrenen Kollegys zu teilen. Dies kann in Form von Mentoring-Beziehungen oder informellem Coaching erfolgen. Durch den direkten Austausch und die persönliche Begleitung können wertvolle Kenntnisse und Fähigkeiten übertragen und weiterentwickelt werden.

Als Führungskraft solltest du den Wissenstransfer aktiv unterstützen und fördern, indem du eine Kultur des Lernens etablierst. Dies beinhaltet die Anerkennung und Belohnung von Wissensaustausch, die Schaffung von Anreizen für den Transfer, die Integration des Wissensaustauschs in die Arbeitsabläufe und die Förderung einer offenen Kommunikation. Indem du den Wissenstransfer in deiner Organisation als strategische Priorität betrachtest, trägst du nicht nur dazu bei, dass das Wissen erhalten bleibt, sondern sich kontinuierlich entwickelt.

Kompetenztransfer und Wissenstransfer bei organisatorischem Wandel sind entscheidend für den Erfolg deiner Organisation in einer sich schnell verändernden Welt. Deine Unterstützung, Kommunikation und Förderung des Wissensaustauschs spielen dabei eine zentrale Rolle. Indem du den Transferprozess gezielt gestaltest und eine Kultur des Wissenstransfers etablierst, kannst du sicherstellen, dass das wertvolle Wissen und die Kompetenzen deiner Mitarbeiterys genutzt und weiterentwickelt werden, um den Wandel erfolgreich zu bewältigen.

7.5 Kompetenzmanagement in der Teamarbeit
7.5.1 Aufbau und Entwicklung kompetenzstarker Teams

Der Begriff Team bezieht sich hier auf eine Gruppe von Personen die sich gegenseitig benötigt, um ein Ziel zu erreichen. Eine Gruppe von Individuen, die zusammen in einer Organisation sind, können auch als Team bezeichnet werden. Solange diese Individuen aber kein gemeinsames Ziel verfolgen, müssen für diese Teammitglieder auch der Aufbau und die Entwicklung der jeweiligen Kompetenzen individuell betrachtet werden.

Der Aufbau eines kompetenzstarken Teams beginnt mit einer sorgfältigen Auswahl der Teammitglieder. Du solltest sicherstellen, dass die Fähigkeiten, Erfahrungen und Kompetenzen der einzelnen Mitarbeiterys den Anforderungen der Teamziele entsprechen. Durch eine gezielte Rekrutierung und Auswahl kannst du sicherstellen, dass das Team über eine Vielfalt an Kompetenzen verfügt, die sich gegenseitig ergänzen und das Team als Ganzes stärken.

Es ist wichtig, dass du als Führungskraft Ziele und Aufgaben für das Team festlegst. Indem du gemeinsam mit dem Team klare Erwartungen und Ziele definierst, schaffst du eine Richtlinie, an der sich das Team orientieren kann. Die Ziele sollten herausfordernd, aber erreichbar sein und die individuellen Stärken und Kompetenzen der Teammitglieder berücksichtigen. Durch eine klare Zielsetzung schaffst du Motivation und förderst das Engagement der Mitarbeiterys.

Die Förderung einer offenen und vertrauensvollen Kommunikation ist entscheidend für den Aufbau eines kompetenzstarken Teams. Du solltest ein Umfeld schaffen, in dem Ideen, Bedenken und Vorschläge frei geäußert werden können. Durch regelmäßige Team-Meetings, Feedbackgespräche und den Austausch von Informationen und Wissen schaffst du eine Kultur des offenen Dialogs. Dies ermöglicht es den Teammitgliedern, voneinander zu lernen, ihr Wissen zu teilen und ihre Kompetenzen weiterzuentwickeln.

Eine effektive Teamarbeit erfordert auch eine klare Rollenverteilung und Zusammenarbeit. Du solltest sicherstellen, dass die Aufgaben und Verantwortlichkeiten innerhalb des Teams klar definiert sind und dass die Teammitglieder effektiv zusammenarbeiten. Dies kann durch klare Kommunikation, regelmäßige Abstimmung und das Schaffen von Synergien zwischen den verschiedenen Kompetenzen und Fachbereichen geschehen. Eine effektive Teamarbeit ermöglicht es den Mitarbeiterys, ihr Wissen und ihre Kompetenzen zu bündeln und gemeinsam herausragende Ergebnisse zu erzielen.

Sei dir einer Tatsache bewusst, der Aufbau und die Entwicklung kompetenzstarker Teams erfordern vor allem eins, Zeit. Hinzu kommen dann noch das nötige Engagement und die richtige Führung. Indem du die individuellen Kompetenzen der Mitarbeiterys erkennst, ein Umfeld förderst, in dem offene Kommunikation und Zusammenarbeit geschätzt werden, und gezielte Entwicklungsmöglichkeiten bietest, kannst du ein kompetenzstarkes Team aufbauen, das den Herausforderungen deiner Organisation gewachsen ist.

7.5.2 Förderung von Wissensteilung und Zusammenarbeit

Die Förderung von Wissensteilung beginnt mit der Schaffung einer Kultur des offenen Austauschs, in der Wissen und Informationen frei fließen. Als Vorbild fungierst du in dieser Hinsicht, indem du deine eigene Bereitschaft zeigst, dein Wissen zu teilen und anderen zu helfen. Indem du transparent kommunizierst und offen über Erfahrungen, Ideen und Best Practices sprichst, signalisierst du, dass Wissensteilung ein wichtiger Teil der Teamarbeit ist und dazu beiträgt, dass alle im Team voneinander lernen und wachsen können.

Als Führungskraft hast du auch die Möglichkeit, die technischen und organisatorischen Voraussetzungen für eine effektive Wissensteilung zu schaffen. Dies kann die Implementierung von Kollaborationstools und digitalen Plattformen umfassen, die den Zugang zu Informationen und den Austausch erleichtern. Überlege, welche Tools und Plattformen am besten zu den Bedürfnissen deines Teams passen und wie sie am effektivsten genutzt werden können, um den Wissenstransfer zu fördern. Darüber hinaus ist es wichtig sicherzustellen, dass die Teammitglieder über die erforderlichen Ressourcen und Unterstützung verfügen, um ihr Wissen effektiv zu teilen. Dies kann durch Schulungen oder Unterstützung bei der Dokumentation und Verbreitung von Wissen geschehen. Wenn die Mitarbeiterys wissen, dass sie die notwendige Unterstützung haben, werden sie eher bereit sein, ihr Wissen mit anderen zu teilen.

Eine weitere Möglichkeit, die Wissensteilung zu stärken, besteht darin, die Zusammenarbeit zwischen den Teammitgliedern zu fördern. Indem du klare Kommunikationswege und -kanäle schaffst, erleichterst du den Austausch von Informationen und Ideen. Regelmäßige Team-Meetings bieten eine Gelegenheit, dass alle auf dem neuesten Stand sind und ihre Gedanken teilen können. Es ist auch wichtig, klare Rollen und Verantwortlichkeiten innerhalb des Teams festzulegen, damit jeder weiß, wie er zum gemeinsamen Ziel beitragen kann. Die Einrichtung von interdisziplinären Arbeitsgruppen kann ebenfalls dazu beitragen, dass verschiedene Kompetenzen und Perspektiven zusammenkommen, um komplexe Herausforderungen zu bewältigen.

7.5.3 Kompetenzorientierte Aufgabengestaltung in Teams

Als Führungskraft trägst du Verantwortung dafür, die Aufgaben in deinem Team so zu gestalten, dass die individuellen Kompetenzen deiner Mitarbeiterys bestmöglich genutzt und weiterentwickelt werden können. Deine Rolle in diesem Prozess ist entscheidend für den Erfolg des Teams und deiner Organisation.

Du kennst deine Mitarbeiterys am besten und weißt, wo ihre Talente und Fachkenntnisse liegen. Daher ist es wichtig, dass du die Aufgaben in deinem Verantwortungsbereich so strukturierst und delegierst, dass sie den individuellen Stärken und Entwicklungsbereichen deines Teams gerecht werden. Gezielte Zuweisung von Aufgaben, die die Stärken und Interessen der einzelnen Teammitglieder widerspiegeln, schafft ein Umfeld, in dem sie ihr volles Potenzial ausschöpfen können.

Auch die Schaffung einer ausgewogenen Mischung aus herausfordernden und entwicklungsorientierten Aufgaben liegt in deinem Verantwortungsbereich. Indem du regelmäßig die Aufgaben im Team rotieren lässt oder neue Projekte einführst, bietest du deinen Mitarbeiterys die Möglichkeit, sich kontinuierlich weiterzuentwickeln und neue Fähigkeiten zu erwerben. Dadurch förderst du ihre Kompetenzen und stärkst die Teamdynamik.

Eine andere Möglichkeit die Teamdynamik zu fördern wäre dem Team zu erlauben seine Aufgaben selbst zu vergeben. Hier steckst du nur den Rahmen ab, indem sich die Teammitglieder bewegen können. Alles andere überlässt du dem Team. Sollten du und dein Team mit diesem Ansatz noch keine Erfahrungen gemacht haben, empfehle ich hier etwas mehr Aufmerksamkeit zu spendieren, um rechtzeitig gegenzuwirken, da ein nicht zu unterschätzendes Konfliktpotential gegeben ist.

Eine offene Kommunikation und Transparenz in Bezug auf die Aufgabengestaltung sind ebenfalls entscheidend. Daher solltest du als Führungskraft erklären, warum du bestimmte Aufgaben gezielt verteilst und wie diese Aufgaben zur Erreichung der Teamziele beitragen. Indem du den Sinn und Zweck der Aufgaben vermittelst und deinen Teammitgliedern die Möglichkeit gibst, Fragen zu stellen und Feedback zu geben, schaffst du Verständnis und Motivation.

Neben der Aufgabengestaltung ist es wichtig, dass du ein unterstützendes Umfeld schaffst, in dem deine Mitarbeiterys sich trauen, neue Aufgaben anzunehmen und ihre Kompetenzen weiterzuentwickeln. Regelmäßige Gespräche zur Kompetenzentwicklung, Angebot von Schulungs- und Weiterbildungsmöglichkeiten sowie Ermutigung zum Verlassen der Komfortzone fördern eine kontinuierliche Weiterentwicklung der Kompetenzen im Team.

Du solltest die Leistungen und Fortschritte deiner Mitarbeiterys würdigen und anerkennen. Durch die Anerkennung von Erfolgen und das Loben gelungener Aufgaben kannst du ihre Motivation und ihr Engagement steigern. Indem du die Aufgaben kompetenzorientiert gestaltest, ermöglichst du deinem Team, sein Potenzial auszuschöpfen, sich weiterzuentwickeln und maßgeblich zum Erfolg unseres Teams beizutragen.

> *"Wenn alle gemeinsam vorankommen, dann stellt sich der Erfolg von selbst ein."*
>
> Henry Ford

8. Selbstmotivation als Schlüsselkompetenz im Kompetenzmanagement

8.1 Die Bedeutung von Selbstmotivation

8.1.1 Die zentrale Rolle der Selbstmotivation im Kontext des Kompetenzmanagements.

Du stehst an der Schwelle deiner persönlichen Entwicklung, und in diesem Prozess wird dir eine Fähigkeit begegnen, die einen fundamentalen Einfluss auf deinen Erfolg haben wird, Selbstmotivation. Im Kontext des Kompetenzmanagements nimmt die Fähigkeit, dich selbst zu motivieren, eine zentrale Rolle ein, die über bloße Willenskraft hinausgeht. Lass uns eintauchen und verstehen, warum Selbstmotivation so entscheidend ist.

Selbstmotivation ist nicht nur der Antrieb, morgens aus dem Bett zu kommen, sie ist der Motor, der deine berufliche Reise antreibt. Im Kompetenzmanagement geht es nicht nur um die Fähigkeiten, die du besitzt, sondern auch darum, wie du diese Fähigkeiten effektiv nutzt und weiterentwickelst. Selbstmotivation ist der Katalysator, der dich dazu befähigt, kontinuierlich an deinen Kompetenzen zu arbeiten, Hindernisse zu überwinden und deine beruflichen Ziele zu verfolgen. Die Bedeutung von Selbstmotivation erstreckt sich über die Eigenverantwortung hinaus. In der Welt des Kompetenzmanagements liegt der Schlüssel zu deinem beruflichen Erfolg nicht nur in den Maßnahmen deines Arbeitgebers oder den äußeren Umständen, sondern in deiner eigenen Verantwortung, aktiv nach Möglichkeiten zur Weiterentwicklung zu suchen. Es geht darum, nicht nur auf Impulse von außen zu warten, sondern proaktiv deine Ziele zu definieren und die erforderlichen Schritte zu unternehmen.

Selbstmotivation ist der Antrieb für kontinuierliches Lernen. Die Arbeitswelt unterliegt einem ständigen Wandel, und im Kompetenzmanagement ist lebenslanges Lernen längst zur Norm geworden. Selbstmotivation bringt dich dazu, nicht nur das Nötigste zu lernen, sondern aktiv nach neuen Kenntnissen und Fähigkeiten zu suchen, die deine berufliche Vielseitigkeit stärken. Du erkennst die Bedeutung von Weiterbildung und setzt dir selbst Ziele, um kontinuierlich auf dem neuesten Stand zu bleiben.

Herausforderungen und Rückschläge sind hier leider unvermeidlich, und in solchen Momenten wird die Kraft der Selbstmotivation besonders deutlich. Im Kompetenzmanagement geht es nicht nur darum, in guten Zeiten erfolgreich zu sein, sondern auch darum, in schwierigen Phasen standhaft zu bleiben. Selbstmotivation gibt dir die mentale Widerstandsfähigkeit, um Hindernisse als Chancen zur persönlichen und beruflichen Entwicklung zu sehen.

Selbstmotivation bedeutet übrigens nicht isoliert zu arbeiten. Im Gegenteil, sie befähigt dich, in einem Teamumfeld eigenständige Ziele zu setzen und aktiv zur positiven Dynamik beizutragen. Du inspirierst andere und förderst eine gemeinsame Kultur des kontinuierlichen Lernens.

In deinem Streben nach beruflicher Exzellenz wird Selbstmotivation zu deinem treuesten Verbündeten im Kompetenzmanagement. Sie ist nicht nur eine Fähigkeit, sondern ein Mindset, dass den Unterschied zwischen bloßem Funktionieren und herausragender Leistung ausmachen kann. Setze dir hohe Ziele, sei proaktiv und lass die Kraft der Selbstmotivation deinen Weg zum beruflichen Erfolg erleuchten.

8.1.2 Betonung der individuellen Verantwortung und Initiative für berufliche Entwicklung und Erfolg.

Die individuelle Verantwortung ist der Schlüssel zur Selbstbestimmung in deiner beruflichen Entwicklung. Es bedeutet, die Führung über deine Karriere zu übernehmen und bewusste Entscheidungen zu treffen, die auf deinen Zielen und Werten basieren. Im Kompetenzmanagement geht es darum, die Initiative zu ergreifen, um nicht nur den Anforderungen deines aktuellen Jobs gerecht zu werden, sondern auch aktiv nach Möglichkeiten zur persönlichen und beruflichen Weiterentwicklung zu suchen.

Das bedeuten, dass du das Hauptakteury deiner beruflichen Geschichte bist. Du bist nicht nur passives Empfängery von Anweisungen, sondern ein proaktives Gestaltery deiner beruflichen Realität. Im Kontext des Kompetenzmanagements ist dies von entscheidender Bedeutung, da es dir ermöglicht, die Richtung deiner beruflichen und persönlichen Reise selbst zu bestimmen.

Diese individuelle Verantwortung und Initiative eröffnet auch die Tür zu einer tieferen Selbstreflexion. Es geht darum, aktiv zu erkunden, wer du bist, welche Fähigkeiten du besitzt und welche Ziele du erreichen möchtest. Im Kompetenzmanagement geht es nicht nur um die Ansammlung von Fähigkeiten, sondern auch um die bewusste Entscheidung, welche Kompetenzen für deine individuellen beruflichen Ziele am relevantesten sind.

In deinem Streben nach beruflichem Erfolg wird die individuelle Verantwortung und Initiative zu deiner persönlichen Erfolgsgeschichte beitragen. Diese Qualitäten sind keine bloßen Schlagworte, sondern die Eckpfeiler, die den Unterschied zwischen einer durchschnittlichen Karriere und einer außergewöhnlichen beruflichen Reise ausmachen kann.

8.2 Verständnis von Selbstmotivation
8.2.1 Definition und Erklärung des Begriffs Selbstmotivation

Auf den letzten Seiten habe ich probiert dir die Bedeutung von Selbstmotivation aufzuzeigen. Die Begriffsklärung möchte ich dir nun an dieser Stelle geben. Im Internet und Lexika findet man zahlreiche Definitionen, doch sind mir manche zu oberflächlich und andere zu weitreichend, um meinen Anforderungen hier zu genügen, so dass ich mich in die Reihe derjenigen einreihe, die sich an einer eigenen Definition versuchen.

Selbstmotivation bezieht sich auf die Fähigkeit, sich selbst zu inspirieren, zu ermutigen und zu handeln, um persönliche Ziele zu erreichen. Es ist die innere Antriebskraft, die dich dazu bringt, trotz Herausforderungen, Rückschlägen oder mangelnder äußerer Belohnungen weiterhin hart zu arbeiten und auf ihre Ziele hinzuarbeiten.

Selbstmotivation beinhaltet oft die Fähigkeit, positive Denkmuster zu kultivieren, sich auf Fortschritte statt auf Hindernisse zu konzentrieren und eine innere Entschlossenheit aufrechtzuerhalten, auch wenn äußere Umstände schwierig erscheinen. Es beinhaltet auch die Fähigkeit, realistische Ziele zu setzen, die eigenen Stärken zu erkennen und sich selbst dazu zu befähigen, konsequent in Richtung dieser Ziele zu arbeiten.

Die Quellen der Selbstmotivation können vielfältig sein und reichen von intrinsischen Motivatoren wie persönlichen Werten, Leidenschaften und Überzeugungen bis hin zu extrinsischen Faktoren wie Belohnungen und Anerkennung. Effektive Selbstmotivation erfordert oft Selbstbewusstsein, Selbstreflexion und die Fähigkeit, sich selbst zu coachen, um auch in anspruchsvollen Zeiten auf Kurs zu bleiben.

8.2.2 Psychologische und emotionale Komponenten der Selbstmotivation

Selbstmotivation ist ein tiefgreifender Prozess, der eng mit unserer inneren Psyche verknüpft ist und dich dazu befähigt, dich selbst zu inspirieren und zu ermutigen, um persönliche Ziele zu erreichen. Ich möchte versuchen hier etwas tiefer in die verschiedenen psychologischen und emotionalen Komponenten einzutauchen, insbesondere in die Begriffe der intrinsischen und extrinsischen Motivation.

Intrinsische Motivation, oder auch innere Antriebskraft genannt, entspringt deinem persönlichen Interesse, deiner Neugierde oder dem Wunsch nach Selbstwachstum. Es ist der Motor, der aus deinen innersten Überzeugungen und Werten schöpft. Dieser Ansatz betont das Bedürfnis nach Autonomie, das Gefühl von Kompetenz und den Drang nach sozialer Verbundenheit. Wenn du dich auf intrinsische Motivation stützt, richtest du deine Handlungen nach dem aus, was für dich persönlich bedeutsam ist.

Extrinsische Motivation hingegen bezieht sich auf äußere Anreize wie Belohnungen oder Anerkennung. Obwohl diese Form der Motivation kurzfristig wirksam sein kann, ist es entscheidend, dass diese externen Anreize mit deinen persönlichen Werten und Bedürfnissen in Einklang stehen. Albert Bandura, ein kanadischer Psychologe, gilt als Entwickler der sozial-kognitiven Lerntheorie. Er hebt hier die Selbstwirksamkeit hervor, die eng mit intrinsischer Motivation verbunden ist. Die Selbstwirksamkeitserwartung bezieht sich laut Bandura auf das Vertrauen in die eigene Fähigkeit, spezifische Aufgaben erfolgreich zu bewältigen. Bandura argumentiert, dass ein starker Glaube an die eigenen Fähigkeiten wesentlich ist, um motiviert zu bleiben und Herausforderungen zu meistern.

Folgt man den Thesen von Edwin Locke und Gary Latham ist das Festlegen klarer und erreichbarer Ziele ein weiterer zentraler Aspekt der Selbstmotivation. Hierbei orientiert sich die Zielsetzungstheorie an der Idee, dass Ziele dein Verhalten steuern und deine Anstrengungen auf eine bestimmte Richtung fokussieren. Indem du also klare Ziele setzt, schaffst du eine klare Struktur und Richtung für deine Motivation.

Um langfristig motiviert zu bleiben, ist auch die Entwicklung von emotionaler Intelligenz nicht zu vernachlässigen. Daniel Goleman, ein Pionier auf diesem Gebiet, betont die Fähigkeit, eigene Emotionen zu erkennen, zu verstehen und zu regulieren. Dies ermöglicht es dir, besser mit Frustrationen, Stress und Rückschlägen umzugehen, was wiederum deine Selbstmotivation stärkt.

Selbstmotivation ist ein facettenreiches Gebiet, das intrinsische und extrinsische Motivationsquellen sowie psychologische Prinzipien wie Selbstwirksamkeit und emotionale Intelligenz umfasst. Durch die Integration dieser Aspekte in deine Selbstmotivationsstrategien kannst du eine tiefere Verbindung zu deinen Zielen herstellen und die Kraft finden, auch in herausfordernden Zeiten voranzuschreiten.

8.3 Vorstellung konkreter Methoden und Techniken zur Steigerung der Selbstmotivation.

Die Steigerung der Selbstmotivation ist ein Prozess, der verschiedene Methoden und Techniken umfassen kann. Hier sind einige Ansätze, die individuell oder in Kombination angewendet werden können.

8.3.1 Klare Zielsetzung

Eine gute Grundlage für die Steigerung deiner Selbstmotivation liegt in der präzisen Festlegung von klaren Zielen. Hierbei geht es nicht nur um vage Vorstellungen, sondern um die genaue Definition von konkreten, messbaren und erreichbaren Zielen. Zuerst gilt es, deine Pläne zu analysieren und darauf basierend die Ziele zu identifizieren, die dich näher an diese heranführen können. Dabei ist es wichtig, zwischen kurzfristigen und langfristigen Zielen zu unterscheiden.

Je konkreter deine Formulierung ist, desto leichter wird es dir fallen sich an sie zu halten. Statt unspezifischer Absichtserklärungen solltest du daher die Ziele so präzise wie möglich formulieren. Anstelle von allgemeinen Aussagen wie "Ich möchte gesünder sein" sind klare Ziele wie "Ich werde dreimal pro Woche für 30 Minuten joggen" also zielführender. Ziele beziehungsweise das Erreichen der Ziele sollten messbar sein. Durch die Festlegung klarer Kriterien wird eine objektive Bewertung des Fortschritts ermöglicht, und es wird deutlich, wann dein Ziel erreicht ist.

Die Relevanz und Bedeutung der Ziele sollten eng mit deinen Werten und Plänen verbunden sein, um deine intrinsische Motivation zu stärken. Gleichzeitig ist es wichtig, sicherzustellen, dass die Ziele realistisch und innerhalb eines bestimmten Zeitrahmens erreichbar sind, um Frustration und Demotivation zu vermeiden. Zeitliche Festlegungen helfen dir, deine Bemühungen zu strukturieren und Prokrastination vorzubeugen.

Ein weiterer Aspekt ist die Bereitschaft, deine Ziele bei Bedarf anzupassen. Lebensumstände verändern sich, und Flexibilität ermöglicht es dir, auf neue Herausforderungen einzugehen, ohne deine Motivation zu verlieren. Sei hier aber auch kritisch und ehrlich zu dir selbst. Wenn du ein Ziel immer und immer wieder anpasst, gestehe dir ein, dass du es vielleicht doch nicht so ernst damit meinst, beziehungsweise gehe es zu einem Zeitpunkt an, bei denen die Umstände stabiler sind.

8.3.2 Positive Selbstgespräche und Denkmuster

Die Pflege positiver Selbstgespräche und Denkmuster bildet einen nicht zu unterschätzenden Bestandteil bei der Steigerung der Selbstmotivation. Dieser Aspekt bezieht sich auf die bewusste Lenkung deiner eigenen Gedanken in eine positive Richtung und die Vermeidung von selbstkritischen oder negativen inneren Dialogen. Es geht darum, eine unterstützende innere Stimme zu kultivieren, die dazu beiträgt, eine positive und optimistische Grundhaltung aufrechtzuerhalten.

Zunächst ist es wichtig, sich der eigenen inneren Dialoge bewusst zu werden. Das bedeutet, aufmerksam auf die eigenen Gedanken zu sein und festzustellen, ob diese eher positiv und ermutigend oder negativ und einschränkend sind. Die bewusste Wahrnehmung dieser Gedanken legt den Grundstein für eine gezielte Veränderung.

Positive Selbstgespräche beinhalten die Umwandlung negativer oder selbstzweifelnder Gedanken in konstruktive und unterstützende Aussagen. Anstatt sich auf Fehler oder Misserfolge zu fokussieren, liegt der Schwerpunkt darauf, aus Erfahrungen zu lernen und sich auf Lösungen zu konzentrieren. Ein Beispiel hierfür wäre die Umformulierung von "Ich kann das nicht" zu "Ich kann es lernen und verbessern, wenn ich mich anstrenge."

Die Verbindung von positiven Gedanken mit realistischer Selbstbewertung ist ebenfalls entscheidend. Es geht nicht darum, sich unrealistisch zu loben, sondern eine ausgewogene Sicht auf die eigenen Fähigkeiten zu entwickeln. Anerkennung für Fortschritte und Erfolge, selbst wenn sie klein sind, stärkt das Selbstvertrauen und damit die Motivation.

Ein weiterer Aspekt ist die Einführung von positiven Affirmationen. Das sind kurze, positive Sätze, die regelmäßig wiederholt werden, um positive Überzeugungen zu festigen. Solche Affirmationen können darauf abzielen, dein Selbstvertrauen zu stärken, Ängste zu überwinden oder deine Entschlossenheit zu fördern.

8.3.3 Einteilung in kleine Schritte

Das Aufteilen von größeren Zielen in kleinere, überschaubare hat nicht nur eine organisatorische Bedeutung, sondern beeinflusst auch maßgeblich die Selbstmotivation, insbesondere im Kontext des Kompetenzmanagements. Diese Vorgehensweise erleichtert nicht nur die Handhabung von Aufgaben, sondern schafft auch einen Rahmen, der individuelle Kompetenzen und Fähigkeiten gezielt einbezieht.

Indem du ein großes Ziel in kleinere Schritte unterteilt, entsteht eine Art Roadmap, die den Weg zum Gesamtziel klarer strukturiert. Diese Klarheit führt zu einer besseren Orientierung und einem verständlichen Fahrplan, was die Überwindung von möglichen Unsicherheiten und das Erreichen von Teilerfolgen erleichtert. Jeder abgeschlossene Schritt stellt dabei für dich eine Etappe dar, die als Erfolg wahrgenommen werden sollte. Kleine Belohnungen motivieren dich und bestärken dich darin, den eingeschlagenen Weg weiterzugehen.

Im Rahmen des Kompetenzmanagements gewinnt diese Methode an zusätzlicher Relevanz. Durch die gezielte Analyse und Berücksichtigung deiner individuellen Stärken und Fähigkeiten kannst du sicherstellen, dass die aufgeteilten Schritte in einem angemessenen Verhältnis zu den eigenen Kompetenzen stehen. Dies reduziert das Gefühl von Überforderung und fördert wiederum das Selbstvertrauen, da die Zwischenziele auf den bereits vorhandenen Stärken aufbauen können.

Die Identifikation von Teilaufgaben, die in Einklang mit deinen Fähigkeiten stehen, erleichtert nicht nur den Fortschritt, sondern trägt auch dazu bei, dass die Herausforderungen als machbar und erreichbar erscheinen. Dies wiederum steigert dein Gefühl von Selbstwirksamkeit, da jeder gemeisterte Schritt als Beweis für deine eigene Handlungsfähigkeit betrachtet werden kann.

8.3.4 Umgebungsgestaltung

Die Gestaltung deiner Umgebung spielt eine enorme Rolle für deine Selbstmotivation. Bist du in deiner Art klar und strukturiert oder erfordert eine Aufgabe, die du angehen möchtest, ein strukturiertes Vorgehen, kann ein aufgeräumter, inspirierender Arbeitsplatz einen Unterschied machen. Wenn dein Arbeitsbereich organisiert ist, schafft das nicht nur äußere Ordnung, sondern hat auch Einfluss auf deine innere Haltung und Motivation.

Räume, die visuell aufgeräumt sind, ermöglichen es dir, dich besser auf bevorstehende Aufgaben zu konzentrieren, ohne von Unordnung oder Ablenkungen beeinträchtigt zu werden. Der Anblick von Ordnung und Struktur kann nicht nur deine äußere Umgebung positiv beeinflussen, sondern auch dazu beitragen, ein inneres Gleichgewicht zu fördern und deine Motivation zu steigern.

Bist du ein stark emotionaler Typ, oder ist deine zu bewältigende Aufgabe eher im kreativen Bereich angesiedelt, kann dich zu viel Struktur und Ordnung jedoch einschränken und geistig blockieren. Es ist wichtig, dass du deinem Wesen entsprechend agierst. Handelst du dagegen, wird dein Unterbewusstsein dagegen rebellieren, was deiner Motivation sicher nicht zuträglich ist.

Egal ob kreativ oder strukturiert, warum nicht einige motivierende Elemente in deine Umgebung integrieren? Inspirierende Zitate, Bilder oder sogar Erinnerungen an persönliche Erfolge, die du sichtbar platzierst, können konstante Erinnerungen an deine Ziele und Erfolge sein. Diese visuellen Anker können dazu beitragen, deinen Fokus auf die positiven Aspekte zu lenken und in Zeiten der Herausforderung als Motivationsquelle zu dienen.

Achte auch auf Farben und Licht in deiner Umgebung. Helle, freundliche Farben und ausreichend Tageslicht können nicht nur deine Stimmung heben, sondern auch eine positive Atmosphäre schaffen. Eine angenehme Beleuchtung ist dabei genauso wichtig und trägt dazu bei, eine inspirierende Umgebung zu schaffen, die deine Selbstmotivation unterstützt.

Denke nicht nur an den physischen Raum um dich herum, sondern auch an die digitalen Räume, insbesondere in unserer zunehmend digitalen Arbeitswelt. Die Organisation von digitalen Dateien und die Auswahl von Hintergrundbildern können ebenfalls deinen Arbeitsbereich beeinflussen und deine Motivation steigern.

Nutze also bewusst die Möglichkeit, deinen Arbeitsraum in einen Ort der Inspiration und Motivation zu verwandeln. Eine gestaltete Umgebung, wie ein personalisierter Hintergrund bei einem Videokonferenzprogramm, kann dazu beitragen, positive Energie zu schaffen, die deine Selbstmotivation stärkt und die Grundlage für ein produktives Arbeitsumfeld legt.

8.3.5 Soziale Unterstützung

Die soziale Unterstützung spielt eine entscheidende Rolle, wenn es darum geht, deine Selbstmotivation zu stärken. Der Austausch mit anderen Menschen, sei es im persönlichen oder beruflichen Kontext, kann einen erheblichen Einfluss auf deine Motivation und persönliche Entwicklung haben.

Wenn du deine Ziele mit Freunden, Familie oder Kollegen teilst, schaffst du nicht nur eine unterstützende Umgebung, sondern spürst auch ein Gefühl der Verpflichtung. Die Tatsache, dass andere sich für deine Ziele interessieren und dich unterstützen, kann eine zusätzliche Quelle der Motivation sein.

Hast du schon mal bemerkt, wie die Einstellung von Menschen in deinem Umfeld deine eigene Einstellung beeinflusst? Der Austausch mit Menschen, die optimistisch denken und konstruktive Perspektiven bieten, kann wirklich inspirierend sein. Dieser soziale Einfluss trägt dazu bei, positive Denkmuster zu stärken und Hindernisse als bewältigbare Herausforderungen zu betrachten.

Gemeinsame Ziele mit anderen zu verfolgen, sei es in beruflichen Projekten oder persönlichen Ambitionen, schafft eine gemeinsame Verbindung. Die geteilte Verantwortung fördert nicht nur den

Austausch von Ideen und Ressourcen, sondern schafft auch ein Gefühl der Zugehörigkeit und Zusammenarbeit. Diese soziale Dynamik kann deine Motivation steigern, da der Erfolg nicht nur individuell, sondern auch kollektiv empfunden wird.

In Zeiten von Herausforderungen oder Rückschlägen kann die soziale Unterstützung als emotionale Stütze dienen. Wenn du Schwierigkeiten mit vertrauten Personen teilst, kannst du nicht nur Stress abbauen, sondern auch verschiedene Perspektiven und Lösungsansätze erhalten. Der Ratschlag und die Unterstützung von Freunden oder Mentoren können dabei helfen, Herausforderungen zu bewältigen und deine eigene Motivation aufrechtzuerhalten.

Denk mal darüber nach, wie wichtig es ist, Erfolge zu teilen. Das Teilen von Errungenschaften mit anderen verstärkt nicht nur das positive Gefühl des Erfolgs, sondern ermöglicht es auch, die Freude und Zufriedenheit zu teilen. Dieser gemeinsame Feiermoment kann als Verstärker für deine Motivation dienen und dazu beitragen, die nächsten Schritte mit Enthusiasmus anzugehen.

8.3.6 Erfolge feiern

Oftmals sind wir so sehr darauf fokussiert, die nächsten Ziele zu erreichen, dass wir vergessen, uns selbst für das zu feiern, was wir bereits erreicht haben. Das Feiern von Erfolgen ist jedoch viel mehr als nur eine Momentaufnahme des Glücks. Es ist ein wichtiger Schritt, um eine positive und unterstützende Einstellung zu bewahren.

Erfolge können in den verschiedensten Formen auftreten, angefangen bei kleinen, alltäglichen Erfolgen bis hin zu großen Meilensteinen in unseren langfristigen Zielen. Indem du dir Zeit nimmst, diese Erfolge bewusst zu erkennen, oder viel mehr anzuerkennen, erzeugst du eine positive Dynamik. Diese positive Energie kann sich wiederum auf deine Motivation auswirken.

Denk darüber nach, deine Erfolge nicht nur für dich zu behalten, sondern sie mit anderen zu teilen. Der Austausch von positiven Erfahrungen stärkt nicht nur deine Verbindung zu anderen, sondern kann auch als Inspiration dienen. Es zeigt, dass deine harte Arbeit und dein Engagement tatsächlich zu greifbaren Ergebnissen führen können.

Wie du feierst, liegt ganz bei dir. Es kann eine kleine persönliche Belohnung sein oder ein geteilter Moment mit anderen. Wichtig ist, dass du dir bewusst Zeit nimmst, um deine Leistungen zu würdigen.

Die positive Wirkung des Feierns von Erfolgen erstreckt sich über den Moment hinaus. Es schafft eine positive Verknüpfung zwischen Anstrengung und Belohnung, stärkt dein Selbstvertrauen und gibt dir die Energie und Motivation, weiterhin hart an deinen Zielen zu arbeiten.

Kurzum, das Feiern von Erfolgen ist ein wichtiger Bestandteil des Selbstmotivationsprozesses. Es ermöglicht nicht nur das bewusste Anerkennen von Fortschritten, sondern trägt auch dazu bei, eine positive und unterstützende Einstellung aufrechtzuerhalten, die langfristigen Erfolg begünstigt. Nimm dir also bewusst Zeit, um deine Erfolge zu feiern und die Früchte deiner Anstrengungen zu genießen. Du hast es verdient!

8.3.7 Selbstfürsorge

Selbstfürsorge bedeutet, auf dich selbst zu achten, physisch und emotional, um die Energie und Motivation aufrechtzuerhalten. Wenn du dich selbst vernachlässigst, kann das langfristig deine Fähigkeit beeinträchtigen, motiviert zu bleiben. Es ist wichtig zu begreifen, dass Selbstfürsorge nicht egoistisch ist, sondern eine grundlegende Voraussetzung dafür, dass du in der Lage bist auch langfristig dein Bestes zu geben.

Physische Selbstfürsorge umfasst Dinge wie ausreichend Schlaf, gesunde Ernährung und regelmäßige Bewegung. Indem du deinem Körper das gibst, was er braucht, unterstützt du nicht nur deine Gesundheit, sondern stärkst auch deine mentale Verfassung. Ein ausgeruhter und gesunder Körper ist besser in der Lage, den Anforderungen des Alltags standzuhalten.

Emotionale Selbstfürsorge ist genauso wichtig. Nimm dir Zeit für Dinge, die dir Freude bereiten, sei es Lesen, Musik hören oder einfach nur entspannen. Setz klare Grenzen, um dich vor Überlastung zu schützen, und erlaube dir, auch mal "Nein" zu sagen. Das bedeutet nicht, dass du egoistisch bist, sondern dass du auf dich selbst achtest.

Selbstfürsorge beinhaltet auch den Umgang mit Stress. Finde heraus, welche Methoden für dich am besten funktionieren, sei es Meditation, Sport, Spaziergänge in der Natur oder einfach mal durchatmen. Das bewusste Einplanen von Momenten der Entspannung in deinen Tag kann einen enormen Einfluss auf deine mentale Klarheit und Motivation haben.

Vergiss nicht, dass du nicht alles alleine bewältigen musst. Suche nach Unterstützung, sei es durch Gespräche mit Freunden, Familie oder sogar professionelle Hilfe. Die Fähigkeit, um Hilfe zu bitten, ist keine Schwäche, sondern ein Zeichen von Stärke und Selbstbewusstsein. Wenn du für dich selbst sorgst, schaffst du eine solide Grundlage, auf der du deine Ziele aufbauen kannst.

8.3.8 Selbstreflexion

Selbstreflektion bedeutet, bewusst innezuhalten, zurückzublicken und tiefer in deine Gedanken, Gefühle und Erfahrungen einzutauchen. Setz dich ab und zu bewusst hin und nimm dir Zeit, über deine Ziele, Fortschritte und Herausforderungen nachzudenken. Reflektiere darüber, was gut gelaufen ist und was du noch verbessern kannst. Dieser bewusste Rückblick ermöglicht es dir, aus Erfahrungen zu lernen und deine Vorgehensweise anzupassen.

Ein Tagebuch kann dabei ein wertvolles Werkzeug sein. Schreib auf, was dich beschäftigt, was du erreicht hast und welche Hindernisse du überwunden hast. Durch das Festhalten deiner Gedanken auf Papier kannst du Muster erkennen, die dir helfen, besser zu verstehen, wer du bist und wohin du willst. Ein Tagebuch in digitaler Form hilft dir hier natürlich auch. Das Schreiben in ein physisches Buch hat aber einige angenehme Effekte und Aspekte, die es zu einer besonderen Erfahrung machen.

Ein physisches Tagebuch bietet nicht nur den taktilen Genuss des Schreibens, sondern auch psychologische Vorteile. Das Gefühl von Papier und Stift schafft eine tiefe Verbindung zu deinen Gedanken. Die begrenzte Seitenanzahl fördert Fokussierung und Klarheit. Das analoge Schreiben entkoppelt von digitalen Ablenkungen, fördert eine ruhige Atmosphäre und schafft wertvolle Erinnerungsstücke. Insbesondere die bewusste Entscheidung für ein physisches Buch schafft eine einzigartige Erfahrung der Verbundenheit zwischen den materiellen und immateriellen Aspekten deiner Gedanken und Erfahrungen.

Selbstreflektion beinhaltet auch die Auseinandersetzung mit deinen Werten und Zielen. Frage dich selbst, ob das, was du tust, im Einklang mit deinen Überzeugungen steht, und ob deine Ziele noch relevant sind. Dieser Prozess kann Klarheit schaffen und dir helfen, deinen Weg bewusster zu gestalten. Es ist wichtig, in der Selbstreflektion auch Raum für Selbstannahme zu schaffen. Niemand ist perfekt, und das ist okay. Akzeptiere deine Stärken genauso wie deine Schwächen und betrachte sie als Teil deiner persönlichen Reise.

Die Fähigkeit zur Selbstreflektion unterstützt nicht nur dein persönliches Wachstum, sondern stärkt auch deine Motivation. Durch das Bewusstsein für deine Ziele und den Fortschritt, den du bereits gemacht hast, kannst du dich selbst ermutigen, weiterzugehen. Nutze Momente der Stille und Selbstreflektion als eine Zeit der Selbstklärung. Frage dich, was du wirklich willst und was dich antreibt. Dieser bewusste Blick nach innen kann eine Quelle der Inspiration sein, um weiterhin fokussiert und motiviert zu bleiben.

8.4 Umgang mit Herausforderungen und Rückschlägen

Jeder, der sich ambitionierte Ziele setzt, steht irgendwann vor Hürden oder muss sich mit vermeintlichen Misserfolgen auseinandersetzen. Diese Momente können zermürbend sein, aber sie sind auch entscheidend für deine persönliche Entwicklung und die Bewältigung ist der Schlüssel zur Aufrechterhaltung deiner Selbstmotivation. Lass uns also an dieser Stelle einen kurzen Blick darauf werfen.

Erst einmal, lass uns festhalten, Rückschläge sind nicht das Ende der Welt. Jeder, der wirklich etwas erreichen will, wird auf Hindernisse stoßen. Diese Momente sollten nicht als Scheitern betrachtet werden, sondern als Chancen zum Wachsen und Lernen. Es ist ein natürlicher Bestandteil des Weges zum Erfolg.

Das klingt jetzt leichter als es tatsächlich in den meisten Fällen ist. Jeder Mensch reagiert hier anders und meiner Meinung nach gibt es kein richtiges oder falsches Verhalten, sofern man in seinen Reaktionen selbstbezogen agiert. Resilienz ist hier das Schlüsselwort. Das bedeutet nicht, dass du dich gegenüber negativen Emotionen abschotten sollst, sondern dass du lernst, sie zu akzeptieren und konstruktiv damit umzugehen. Es geht darum zu verstehen, dass diese Emotionen vorübergehend sind und dass du gestärkt daraus hervorgehen kannst.
Wut und Trauer sind Emotionen, die in diesen Situationen unmittelbar aufkommen können und das ist auch vollkommen in Ordnung. Vielleicht ist es sogar notwendig, um das Geschehene zu verarbeiten und zu akzeptieren. Wenn du also mit Rückschlägen konfrontiert bist, nimm dir vor allem Zeit für die emotionale Verarbeitung. Eine offene und ehrliche Selbstreflexion ist vorher kaum möglich.

Bist du wieder im Reinen mit dir, versuche nicht mit Selbstkritik, sondern mit Neugier auf das Geschehene zu schauen. Was kannst du aus dieser Erfahrung mitnehmen? Wie kannst du es das nächste Mal anders angehen? Ein Blick über den eigentlichen Moment hinaus ist wichtig. Frage dich also auch, welche Lektionen du aus dieser Erfahrung ziehen kannst. Oft sind es gerade die schwierigen Phasen, die uns am meisten über uns selbst lehren. Sie sind eine Gelegenheit zum Wachsen und zur Weiterentwicklung.

Der Austausch mit anderen ist auch hier Gold wert. Freunde, Familie oder Mentoren können nicht nur emotionale Unterstützung bieten, sondern auch unterschiedliche Perspektiven und Lösungsansätze. Der gemeinsame Austausch kann über manches Geschehene hinwegtrösten und zu sehen, dass andere ähnliche Erfahrungen gemacht haben und weiter ihren Weg gegangen sind, kann motivierend sein.

8.5 Selbstmotivation im Teamkontext

Selbstmotivation im Teamkontext weist eine faszinierende Dynamik auf, die die kollektive Leistung und das Arbeitsumfeld erheblich beeinflussen kann. Es geht darum, individuelle Motivationen zu vereinen, um gemeinsame Ziele zu erreichen und dabei ein inspirierendes Teamumfeld zu schaffen.

8.5.1 Wechselwirkung zwischen individueller Selbstmotivation und Teamdynamik.

Deine individuelle Selbstmotivation ist wie der Treibstoff, der dein persönliches Handeln antreibt. Wenn du motiviert bist, strahlst du diese Energie aus und beeinflusst damit die Stimmung im gesamten Team. Deine positive Haltung kann ansteckend sein und andere dazu ermutigen, ebenfalls ihr Bestes zu geben.

Die Teamdynamik wiederum kann einen erheblichen Einfluss auf deine Selbstmotivation haben. Ein unterstützendes, kooperatives Teamumfeld kann dich motivieren und dir das Gefühl geben, dass deine Anstrengungen geschätzt werden. Umgekehrt kann eine negative oder angespannte Teamdynamik deine individuelle Motivation beeinträchtigen.

Wenn du in einem Team arbeitest, das gemeinsame Ziele verfolgt, wird deine individuelle Selbstmotivation Teil des kollektiven Antriebs. Jedes Teammitglied trägt einen einzigartigen Beitrag dazu bei, die Vision zu verwirklichen. Es ist wichtig zu erkennen, dass dein Engagement und deine Einstellung nicht isoliert existieren, sondern Teil eines größeren Ganzen sind.

Die Wechselwirkung zwischen individueller Selbstmotivation und Teamdynamik zeigt sich auch in der Art und Weise, wie du Herausforderungen bewältigst. Deine persönliche Entschlossenheit kann als Inspirationsquelle für das gesamte Team dienen. Gleichzeitig kann die Unterstützung des Teams dir die nötige Rückendeckung geben, um selbst in herausfordernden Zeiten motiviert zu bleiben.

Erfolge im Team zu feiern, verstärkt nicht nur das Gefühl der Zusammengehörigkeit, sondern stärkt auch deine persönliche Motivation. Wenn du siehst, dass gemeinsame Anstrengungen zu Erfolgen führen, wird das den Ansporn für weitere Leistungen steigern. Auf der anderen Seite kann eine Abwärtsspirale von fehlender Motivation oder Konflikten im Team auch deine individuelle Selbstmotivation beeinträchtigen. Es ist wichtig, hier einen bewussten Beitrag zu leisten, indem du konstruktiv mit Teamherausforderungen umgehst und gleichzeitig an deiner persönlichen positiven Einstellung arbeitest.

Die Wechselwirkung zwischen deiner individuellen Selbstmotivation und der Teamdynamik ist eine mächtige Kraft im Arbeitsumfeld. Deine positive Energie kann das Team beflügeln und umgekehrt kann die Unterstützung des Teams deine persönliche Motivation stärken. Es ist ein symbiotisches Zusammenspiel, bei dem die Stärke des Einzelnen das Potenzial des Teams entfaltet und umgekehrt. Mach dir bewusst, dass du nicht nur ein Teammitglied, sondern ein

wesentlicher Teil dieses kollektiven Erfolgs bist. Du gestaltest die Dynamik genauso, wie sie dich formt. Halte diese Balance, bleib motiviert und inspiriere dein Team und so könnt ihr gemeinsam Großes erreichen.

8.5.2 Wie fördern Führungskräfte die Selbstmotivation ihrer Teammitglieder?

Als Führungskraft liegt es in deiner Hand, die Selbstmotivation deiner Teammitglieder zu fördern und so eine positive und produktive Arbeitsumgebung zu schaffen. Hier sind einige Strategien, die du dafür anwenden kannst.

Klare Kommunikation von Zielen: Als Führungskraft ist es wichtig, dass du nicht nur die Gesamtziele des Teams deutlich machst, sondern auch, wie die individuelle Arbeit jedes Mitglieds zum Gesamterfolg beiträgt. Nutze regelmäßige Meetings oder Kommunikationskanäle, um diese Ziele zu betonen und eine gemeinsame Vision zu schaffen.

Hervorheben individueller Stärken: Jedes Teammitglied bringt einzigartige Fähigkeiten mit sich. Nimm dir die Zeit, diese Stärken zu erkennen und zu würdigen. Indem du die individuellen Beiträge in den Vordergrund stellst, stärkst du nicht nur das Selbstvertrauen, sondern förderst auch die Bereitschaft, sich vollkommen einzubringen.

Förderung von Eigenverantwortung: Gib deinen Teammitgliedern die Möglichkeit, Entscheidungen zu treffen und Verantwortung zu übernehmen. Das schafft nicht nur ein Gefühl der Kontrolle über die eigene Arbeit, sondern steigert auch die Motivation, da die Mitglieder aktiv am Geschehen beteiligt sind.

Gezieltes Feedback: Biete nicht nur regelmäßiges, sondern auch gezieltes Feedback an, das sich auf individuelle Stärken konzentriert. Dieses positive Feedback dient nicht nur der Weiterentwicklung, sondern stärkt auch die Selbstmotivation.

Entwicklungsmöglichkeiten bieten: Zeige deinem Team, dass du in ihre Zukunft investierst, indem du Möglichkeiten zur persönlichen und beruflichen Weiterentwicklung anbietest. Dies schafft nicht nur zusätzliche Fähigkeiten, sondern auch eine intrinsische Motivation.

Beteiligung an Entscheidungen: Die Beteiligung an Entscheidungen, die ihre Arbeit betreffen, gibt Mitarbeiterys das Gefühl, dass ihre Meinung zählt. Dies fördert nicht nur ihr Engagement, sondern stärkt auch ihre Selbstmotivation, da sie sich als aktive Gestalter ihrer Arbeit wahrnehmen.

Flexibilität und Work-Life-Balance: Als Führungskraft kannst du flexiblere Arbeitsbedingungen anbieten und sicherstellen, dass deine Teammitglieder eine ausgewogene Balance zwischen Arbeit und persönlichem Leben haben. Dies unterstützt langfristige Motivation und Wohlbefinden.

Anerkennung und Belohnung: Sorge dafür, dass gute Arbeit öffentlich anerkannt wird, sei es durch Lob oder Belohnungen. Dies schafft nicht nur eine positive Arbeitsatmosphäre, sondern stärkt auch die individuelle Motivation.

Förderung von Teamzusammenhalt: Als Führungskraft kannst du ein Umfeld schaffen, in dem Teammitglieder sich gegenseitig unterstützen und ermutigen. Dies fördert nicht nur den Teamgeist, sondern stärkt auch die Motivation.

Klare Karriereperspektiven aufzeigen: Gib deinen Teammitgliedern einen klaren Einblick in die beruflichen Perspektiven und Entwicklungsmöglichkeiten. Dies fördert nicht nur ihre langfristige Motivation, sondern zeigt auch, dass du ihre berufliche Entwicklung unterstützt.

Unterstützung in Krisenzeiten: In Zeiten von Herausforderungen oder Krisen ist deine Unterstützung als Führungskraft entscheidend. Zeige Verständnis, sei präsent und biete aktiv Lösungen an. Deine Fähigkeit, in schwierigen Zeiten Unterstützung zu bieten, wird die Motivation deines Teams maßgeblich beeinflussen.

Indem du diese Strategien anwendest und dabei auf die individuellen Bedürfnisse und Stärken deiner Teammitglieder eingehst, schaffst du nicht nur eine produktive Umgebung, sondern inspirierst jedes Mitglied dazu, sein Bestes zu geben. Als Führungskraft bist du nicht nur ein Leiter, sondern auch ein Wegweiser für die Motivation und den Erfolg deines Teams.

8.5.3 Beispiele für erfolgreiche Teamarbeit durch gemeinsame Selbstmotivation.

Im Folgenden werde ich dir drei Beispiele geben, in denen ich die Wirkung der Selbstmotivation der Teammitglieder gezielt hervorhebe. Wenn du dich bewusst in deinem beruflichen Umfeld umsiehst, wirst du sicher schnell eigene Beispiele für die Auswirkung von motivierten beziehungsweise unmotivierten Mitarbeiterys finden. Da es uns eher leichter fällt negative Beispiele zu nennen, sind meine Beispiele aus dem positiven Bereich, um dir bei der Suche nach deinen Erfolgsgeschichten ein wenig unter die Arme zu greifen.

Überwindung von Herausforderungen:

Vor ein paar Jahren stand mein Entwicklungsteam vor der Herausforderung, ein komplexes Softwareprojekt zu realisieren, das einen engen Zeitrahmen und hohe technische Anforderungen hatte. Die Mitarbeiterys waren sich bewusst, dass dieses Projekt eine große Herausforderung darstellte, aber sie waren gleichzeitig hochmotiviert, die gesteckten Ziele zu erreichen.

Das Team setzten wir uns gemeinsam das klare Ziel, nicht nur die technischen Anforderungen zu erfüllen, sondern auch die Software rechtzeitig und in hoher Qualität zu liefern. Jedes Teammitglied verstand die Wichtigkeit des Projekts und fühlte sich persönlich dafür verantwortlich, seinen Beitrag zum Erfolg zu leisten.

Während des Projekts traten verschiedene Herausforderungen auf, darunter unerwartete technische Schwierigkeiten, knappe Ressourcen und sich ändernde Anforderungen seitens der Kunden. Anstatt sich von diesen Herausforderungen entmutigen zu lassen, nutzte wir sie als Gelegenheit, kreativere Lösungen zu finden und als Einheit stärker zusammenzuwachsen.

Die Selbstmotivation jedes Teammitglieds war dabei entscheidend. Anstatt auf eine klare Anweisung von oben zu warten, ergriffen wir selbstständig die Initiative, um Probleme zu lösen. Wir organisierten spontane Brainstorming-Sitzungen, in denen Ideen ausgetauscht und innovative Ansätze entwickelt wurden.

Während dieser herausfordernden Phase stellte sich heraus, dass die gemeinsame Selbstmotivation des Teams nicht nur dazu diente, technische Hindernisse zu überwinden, sondern auch eine unterstützende Atmosphäre schuf. Teammitglieder halfen sich gegenseitig, indem sie ihre individuellen Stärken einbrachten und offen über Schwierigkeiten sprachen. Diese positive Teamdynamik trug dazu bei, dass das gesamte Team auch in stressigen Situationen fokussiert und optimistisch blieb.

Schließlich gelang es uns, das Projekt erfolgreich abzuschließen. Wir blieben innerhalb des Zeitrahmens, hatten aber einige Features anders als in der ursprünglichen Leistungsbeschreibung genannt realisiert. Es zeigte sich, dass die Kunden mit unserer Umsetzung weitere Probleme lösten, die dem Projektteam so nicht bekannt gegeben wurden, womit die Akzeptanz des Produktes sowie die Kundenzufriedenheit gesteigert werden konnte.

Dieser Erfolg war nicht nur das Ergebnis individueller Anstrengungen, sondern vor allem der kollektiven Selbstmotivation, die es dem Team ermöglichte, Herausforderungen als Chancen zu sehen und gemeinsam unsere Ziele zu erreichen.

Projektabwicklung mit hoher Eigenverantwortung:
Bei der Entstehung dieses Buches, habe ich mich mit verschieden Personen ausgetauscht. Unter anderem mit einem mir gut bekannten Programmierer, der mich bei der Beschreibung des Kapitels mit der Kompetenzmanagementsoftware unterstützte. Er erzählte mir dabei von einem Projekt.

In seinem Unternehmen wurde ein Projekt gestartet, das die Entwicklung einer Anwendungsplattform für Kunden im Gesundheitswesen umfasste. Das Projekt war komplex, da es nicht nur technologische Herausforderungen mit sich brachte, sondern auch höchste Standards für Datensicherheit und Benutzerfreundlichkeit erfüllen musste. Das Team, bestehend aus Entwicklern, Designern und Qualitätsprüfern, war mit der Aufgabe betraut, eine robuste und intuitive Plattform zu schaffen.

Um die Eigenverantwortung zu fördern, setzte die Projektleitung bewusst auf eine dezentrale Entscheidungsfindung. Klare Projektrahmen und Ziele wurden festgelegt, und jedes Teammitglied erhielt den Freiraum, seinen Beitrag dazu zu leisten. Die Entwickler hatten die Freiheit, die Technologien für ihre Aufgaben zu wählen, während die Designer die Benutzeroberfläche und das Nutzererlebnis kreativ gestalten konnten.

Die Eigenverantwortung spiegelte sich auch in der Teamorganisation wider. Es wurden kleinere Arbeitsgruppen gebildet, die jeweils für spezifische Funktionalitäten oder Module der Anwendungsplattform verantwortlich waren. Jede Arbeitsgruppe hatte die Freiheit, ihre eigenen Arbeitsmethoden zu wählen, solange sie die festgelegten Zeitpläne und Qualitätsstandards einhielten.

Während des Projekts gab es Herausforderungen, darunter zahlreiche kurzfristige Änderungen in den Anforderungen seitens der Kunden. Die Stärke der Eigenverantwortung zeigte sich darin, wie das Team mit diesen Herausforderungen umging. Die Entwickler tauschten ihr Wissen aus, um technische Lösungen zu finden, während die Designer flexibel auf Designänderungen reagierten, um die Benutzerfreundlichkeit zu verbessern.

Die regelmäßige Kommunikation und Zusammenarbeit wurden durch kurze, aber effektive Stand-up-Meetings sowie den Einsatz digitaler Tools für die Teamkommunikation unterstützt. Hierbei stand nicht nur die Statusaktualisierung im Vordergrund, sondern auch der Austausch von Ideen und die gegenseitige Unterstützung.

Am Ende führte die Eigenverantwortung zu einer erfolgreichen Entwicklung und Implementierung der Anwendungsplattform. Das Team konnte nicht nur die technischen Anforderungen erfüllen, sondern auch eine Lösung schaffen, die den hohen Standards im Gesundheitswesen entsprach. Jedes Teammitglied fühlte sich nicht nur als ausführende Kraft, sondern auch als aktiver Gestalter des Projekterfolgs.

Dieses Beispiel zeigt, wie die bewusste Förderung von Eigenverantwortung in einem Team zu einer erfolgreichen und innovativen Projektabwicklung führen kann.

Förderung einer positiven Teamkultur:
In meiner beruflichen Laufbahn hatte ich viele verschieden Stationen in unterschiedlichen Bereichen und Funktionen. Auf der Suche nach passenden Beispielen für dieses Kapitel fiel mir folgende Begebenheit wieder ein. Es ist aus einer Zeit, in der ich mit meiner ersten Personalverantwortung beauftragt wurde. Auch wenn dieses Ereignis einige Jahre zurückliegt, bin ich überzeugt, dass die geschilderten Zustände auch heute noch weit verbreitet sind.

Als frisch eingesetzter Gruppenleiter war ich voller Tatendrang und wollte mir, meinen Vorgesetzen und meinen Mitarbeiterys zeigen, dass mir zurecht die Führungsaufgabe übertragen wurde. Ich wollte mit alten Strukturen brechen und moderne Methoden einbringen. Leider musste ich schnell feststellen, dass ich vor einer unerwarteten Herausforderung stand, einer angespannten Stimmung in meinem Team. Bei meinem Einstieg gab es bereits bestehende Spannungen, die sich negativ auf die Zusammenarbeit und die allgemeine Arbeitsatmosphäre auswirkten.

Mir war klar, dass ich mich, bevor ich strukturelle Änderungen angehen konnte, erst einmal um ein besseres Klima kümmern musste. Um die Dynamik zu verändern, setzte ich als ersten Schritt auf intensive Gespräche mit den Teammitgliedern. In individuellen Meetings hörte ich mir ihre Anliegen und Meinungen an, um ein tieferes Verständnis für die Ursachen der Spannungen zu entwickeln. Dies half nicht nur dabei, versteckte Konflikte aufzudecken, sondern auch das Vertrauen meiner Mitarbeiterys zu gewinnen.

Die Förderung einer offenen Kommunikation wurde zu einem zentralen Element. In Teammeetings ermutigte ich die Mitarbeiterys dazu, ihre Gedanken und Anliegen zu teilen. Dabei legte ich großen Wert darauf, dass die Meinungen respektiert wurden und konstruktive Lösungsansätze gefunden wurden. Dies trug dazu bei, bestehende Missverständnisse aus dem Weg zu räumen und das Team näher zusammenzubringen.

Um die Teambindung zu stärken, organisierten wir gemeinsame Aktivitäten außerhalb des Arbeitsumfelds. Hierdurch konnten persönliche Beziehungen aufgebaut bzw. verbessert und der Teamgeist gefördert werden. Egal, ob es sich um informelle Mittagessen, Teambuilding-Workshops (die ich nie so nannte) oder einfach nur einen zwanglosen Austausch handelte, diese Aktivitäten halfen dabei, eine positive Verbindung zwischen den Teammitgliedern herzustellen.

Die Definition klarer Ziele und Erwartungen war ein weiterer entscheidender Schritt. Durch die Festlegung konkreter Meilensteine und einer klaren Ausrichtung konnte das Team ein gemeinsames

Verständnis für die Prioritäten entwickeln. Dies reduzierte Unsicherheiten und schuf eine gemeinsame Basis für die Zusammenarbeit.

Die Anerkennung von Erfolgen spielte damals wie heute eine wichtige Rolle für mich. Es fällt uns leicht zu kritisieren. Richtig zu loben, ohne dass es nach platten Attitüden klingt, ist aber nicht jedermanns Sache. Sowohl kleine als auch große Leistungen wurden damals von mir öffentlich gewürdigt, um die positiven Beiträge der Mitarbeiterys sichtbar zu machen. So ließ ich sie auch ihre Arbeitsergebnisse in Managementrunden vorstellen, um zu zeigen, dass es ihre Arbeit war und nicht meine. Diese Anerkennung half dabei, das Selbstwertgefühl zu stärken und das Bewusstsein für den kollektiven Erfolg zu schärfen.

In schwierigen Phasen betonte ich stets meinen lösungsorientierten Ansatz. Anstatt uns in Problemen zu verlieren, ermutigte ich das Team dazu, gemeinsam nach Lösungen zu suchen, auch außerhalb der durch Regularien vorgegebenen Grenzen. Und wenn eine Entscheidung getroffen werden musste, dann habe ich dies auch getan. In vielen Bereichen sitzen Zauderer und Verwalter, wo es gerade in herausfordernden Zeiten Entwickler und Gestallter braucht. Diese Herangehensweise half nicht nur dabei, Konflikte konstruktiv zu lösen, sondern förderte auch eine positive Denkweise.

Im Laufe der Zeit konnte ich beobachten, wie sich die Stimmung im Team allmählich veränderte. Die anfängliche Anspannung wich einer offeneren Kommunikation, einem gestärkten Zusammenhalt und einer positiven Energie im Team. Die Mitarbeiterys begannen, sich gegenseitig zu unterstützen, Ideen auszutauschen und gemeinsam an Lösungen zu arbeiten.

> " Gute Teams haben keine Geheimnisse voreinander. Alles wird miteinander geteilt, egal ob Fehler, Schwächen und Sorgen – ohne Angst vor Repressalien."
>
> Patrick Lencioni

Dieses Beispiel zeigt, wie die bewusste Förderung einer positiven Teamkultur durch offene Kommunikation, gemeinsame Aktivitäten und die Anerkennung von Erfolgen zu einer nachhaltigen Veränderung der Teamdynamik führen kann. Es dauerte viele Monate, bis sich ein stabiles positives Teambewusstsein entwickelte und viele weitere Monate, bis wir die anfänglich beschriebenen Strukturen aufbrechen und umgestalten konnten. Aber es hat sich gelohnt.

> " Der Einzelne kann entscheidend für den Erfolg eines Teams sein, aber er bleibt immer Teil des Teams.."
>
> Kareem Abdul-Jabbar

9. Entwicklung eines Kompetenzmanagement-Modells

Ein erfolgreiches Kompetenzmanagement kann nicht einfach von oben nach unten eingeführt werden. Stattdessen muss es in Kommunikationskreisläufe eingebettet sein, die die operative, strategische und normative Ebene umfassen.

Ein zentrales Instrument dabei ist der Kompetenzkatalog, der ein einheitliches Verständnis für Kompetenzen festlegt und überall dort zum Einsatz kommt, wo Kompetenzen eine Rolle spielen. Damit dieses Verständnis klar ist, benötigt es sowohl eine eindeutige Benennung als auch eine Definition der Bedeutung jeder Kompetenz. Wenn du mit Ausprägungsstufen für die Kompetenzbewertung arbeitest, ist es ebenfalls wichtig, für jede Ausprägungsstufe eine klare Definition festzulegen.

Der Kompetenzkatalog wird vor allem in zwei Bereichen angewendet. Zum einen gibt es das Anforderungsprofil, das auch als Soll-Profil verstanden werden kann. Hier wird festgelegt, welche Kompetenzen und in welcher Ausprägungsstufe für eine bestimmte Rolle, einen Bereich oder eine Prozessaktivität benötigt werden. Auf der anderen Seite gibt es das Kompetenzprofil, das auch als Ist-Profil eines Mitarbeitery betrachtet werden kann. Hier wird festgehalten, über welche Kompetenzen der Mitarbeitery aktuell verfügt. Diese Profile sind kein Selbstzweck, sondern gewinnen ihren Nutzen durch ihre Verwendung in der Planung und Durchführung von Maßnahmen zur Personalentwicklung.

Auf der operativen Ebene einer kompetenzorientierten Personalentwicklung müssen zuerst auf Basis des Kompetenzkatalogs die Anforderungsprofile festgelegt werden. Ideal wäre es, wenn du und andere Verantwortliche in einem Bereich diese gemeinsam erarbeiten, um ein möglichst breites Spektrum abzudecken. Dabei müssen es nicht zwangsläufig nur Führungskräfte sein, die daran beteiligt sind. Das Einbinden von Mitarbeiterys aus dem jeweiligen Bereich kann oft neue Sichtweisen ermöglichen, die der reinen Führungsebene vielleicht verborgen bleiben würden.

Erst danach werden, ebenfalls auf Basis des Kompetenzkatalogs, die Kompetenzprofile erhoben. Das kann entweder durch Selbstbewertung oder Fremdbeobachtung erfolgen und sollte in der Regel im Rahmen von Mitarbeitergesprächen überprüft werden. Durch den Abgleich dieser Ist-Profile mit den Anforderungsprofilen ergeben sich die Kompetenzlücken. Gemeinsam mit deinen Mitarbeiterys werden dann geeignete Personalentwicklungsmaßnahmen ausgewählt, an denen er oder sie teilnehmen kann. Die Fokussierung aufgrund der Lückenanalyse stellt sicher, dass die Kriterien für die Auswahl von Maßnahmen für alle Beteiligten transparent sind. Durch eine Überprüfung des Lernerfolgs nach der Teilnahme an beispielsweise einer Weiterbildungsmaßnahme kann eine erste Einschätzung über den Kompetenzerwerb getroffen werden, der jedoch vor allem im Rahmen der Anwendung in den Arbeitsprozessen hinreichend beobachtet werden sollte.

Auch die strategische Ebene muss berücksichtigt werden, da ihre Prozesse eng mit der operativen Ebene verbunden sind. Kompetenzorientierte Personalentwicklung kann nur erfolgreich sein, wenn nachhaltig sichergestellt ist, dass der Kompetenzkatalog die jeweils relevanten Kompetenzen enthält und Anforderungs- und Kompetenzprofile aktuell gehalten werden. Auf der strategischen Ebene werden die Kernkompetenzen, wie sie von der normativen Ebene definiert wurden, heruntergebrochen und in den Kompetenzkatalog integriert. Auf dieser Grundlage werden dann die Anforderungsprofile für verschiedene Rollen oder Geschäftsprozessaktivitäten erstellt. Dieser Prozess kann wiederum dazu führen, dass neue Kompetenzen in den Katalog aufgenommen werden müssen, was auch auf der Basis von Rückmeldungen aus der operativen Ebene geschehen kann. Anforderungs-, Kompetenzprofile und Katalog sollten kontinuierlich überwacht und angepasst werden, um sicherzustellen, dass die sich ändernden Bedürfnisse und Anforderungen der Organisation Berücksichtigung finden.

Die Entwicklung von Kompetenzmanagement-Konzepten erfordert auf allen Ebenen eine sorgfältige Planung und Umsetzung von Maßnahmen, die auf die Ziele und Prioritäten der Organisation ausgerichtet sind. Mit einem gut durchdachten Konzept kannst du, sicherstellen, dass deine Mitarbeiterys über die erforderlichen Kompetenzen verfügen, um erfolgreich zu sein und wettbewerbsfähig zu bleiben.

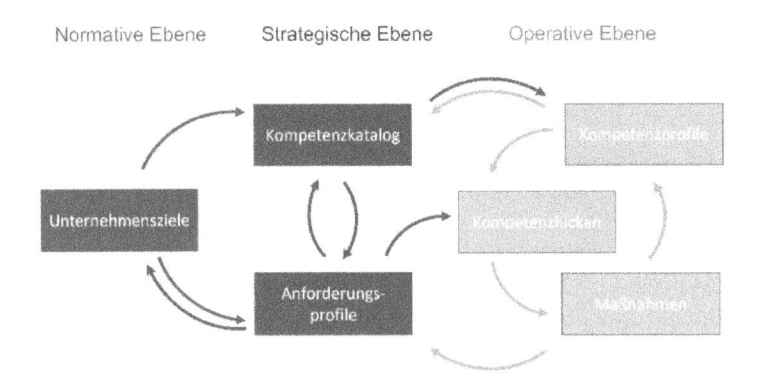

9.1 Analyse der Unternehmensstrategie

Die Unternehmensstrategie spielt eine wichtige Rolle bei der Analyse der Kompetenzanforderungen, da die erforderlichen Kompetenzen eng mit den strategischen Zielen einer Organisation verbunden sind. Eine erfolgreiche Umsetzung der Strategie erfordert in der Regel bestimmte Kompetenzen und Fähigkeiten, um die definierten Ziele zu erreichen. Daher ist es wichtig, dass du bei der Analyse der Kompetenzanforderungen auch die Unternehmensstrategie berücksichtigst.

Indem du die Analyse der Kompetenzanforderungen mit der Unternehmensstrategie verknüpfst, kannst du die erforderlichen Kompetenzen und Fähigkeiten identifizieren, um die strategischen Ziele erfolgreich umzusetzen. Dies hilft deiner Organisation, ihre Wettbewerbsfähigkeit zu erhöhen und ihre langfristigen Ziele zu erreichen.

9.2 Analyse der Kompetenzanforderungen

Für Unternehmen ist es entscheidend, ihre Kompetenzanforderungen zu analysieren und identifizierte Lücken schnellstmöglich zu schließen, um sicherzustellen, dass sie über die erforderlichen Kompetenzen verfügen, um ihre Geschäftsziele zu erreichen.

Die Analyse der Kompetenzanforderungen ist ein wichtiger Schritt bei der Entwicklung eines effektiven Kompetenzmanagementsystems und einer strategischen Personalplanung. Es geht dabei um die Identifizierung der benötigten Kompetenzen, um die Geschäftsstrategie des Unternehmens erfolgreich umzusetzen.

Um die Kompetenzanforderungen aus Sicht des Unternehmens zu analysieren, ist es wichtig, die Unternehmensstrategie zu berücksichtigen. Die Kompetenzanforderungen sollten auf die Ziele und Bedürfnisse deines Unternehmens ausgerichtet sein. Das bedeutet, dass du die Analyse der Kompetenzanforderungen in enger Zusammenarbeit mit deiner Geschäftsleitung durchführen solltest. Kläre, dass dein Management die strategischen Ziele eures Unternehmens klar definiert und kommuniziert, um sicherzustellen, dass die Analyse der Kompetenzanforderungen die richtigen Ergebnisse liefert.

Eine Möglichkeit, deine Kompetenzanforderungen zu identifizieren, ist die Strategie-Mapping-Analyse. Robert S. Kaplan und David P. Norton gelten als Erfinder der Strategy Map mit der sie ein generisches, also allgemeines Raster entwickelt haben, das die wichtigen Ziele und Strategien für ein Unternehmen beinhaltet. Hierbei werden die Ziele deines Unternehmens identifiziert und dann in Beziehung zu den benötigten Kompetenzen gesetzt. Diese Analyse ermöglicht es dir zu verstehen, welche Kompetenzen für die Umsetzung deiner Geschäftsstrategie am wichtigsten sind und welche Kompetenzen möglicherweise noch entwickelt oder erworben werden müssen.

Die Analyse basiert auf einem Konzept, bei dem die strategischen Ziele des Unternehmens in Form von Ursache-Wirkungs-Beziehungen dargestellt werden. In einem sogenannten "Strategie-

Mapping" werden die verschiedenen Ziele und deren Zusammenhänge visuell dargestellt. Dies erfolgt typischerweise in Form einer hierarchischen Darstellung oder einer Karte, die die strategischen Ziele in Verbindung mit den dazugehörigen Maßnahmen und Ressourcen zeigt.

Das Strategie-Mapping enthält normalerweise verschiedene Ebenen:

1. <u>Finanzielle Ziele:</u> Diese beziehen sich auf die finanzielle Performance des Unternehmens, wie Umsatzwachstum, Rentabilität oder Kapitalrendite.
2. <u>Kundenziele:</u> Hier werden die Ziele hinsichtlich Kundenzufriedenheit, Kundenbindung oder Marktanteil festgelegt.
3. <u>Interne Prozessziele:</u> Dies betrifft die Optimierung interner Abläufe, Prozesse und Effizienz, um die Kundenzufriedenheit und Unternehmensleistung zu verbessern.
4. <u>Lern- und Wachstumsziele:</u> Diese Ebene umfasst die Bereiche Mitarbeiterkompetenzen, Technologie oder Unternehmenskultur, die für eine kontinuierliche Verbesserung und Innovation wichtig sind.

Die Strategie-Mapping-Analyse verbindet diese Ziele in einer logischen Reihenfolge, um zu zeigen, wie sie sich gegenseitig beeinflussen und welchen Beitrag jede Ebene zum Erreichen der übergeordneten Unternehmensziele leistet.

Im Kontext der Kompetenzanforderungen ermöglicht die Strategie-Mapping-Analyse es dem Unternehmen, zu erkennen, welche spezifischen Kompetenzen und Fähigkeiten von den Mitarbeiterys benötigt werden, um die internen Prozessziele zu erreichen, die wiederum einen positiven Einfluss auf die Kundenziele und letztendlich auf die finanziellen Ziele haben.

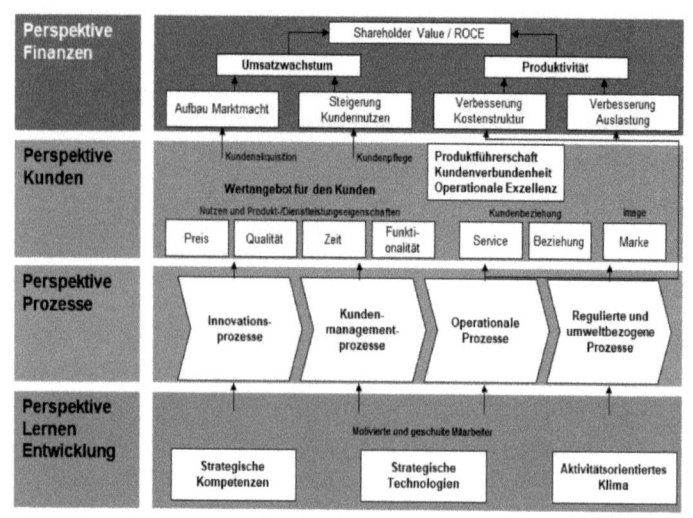

Abbildung 1: Strategy Map mit strategischen Erfolgsfaktoren nach Kaplan und Norton

9.3 Der Kompetenzkatalog und seine Bewertungskriterien

9.3.1 Der Kompetenzkatalog

Ein Kompetenzkatalog ist eine Zusammenstellung von Kompetenzen, die für dich als Mitarbeity, in deiner Organisation oder deinem Unternehmen von großer Bedeutung sind. In ihm findest du eine strukturierte Übersicht über die Fähigkeiten und Kenntnisse, die du benötigst, um deine Aufgaben erfolgreich zu erfüllen.

Der Katalog ist so aufgebaut, dass er verschiedene Kategorien enthält, wie zum Beispiel fachliche Kompetenzen, Methodenkompetenzen, Sozialkompetenzen, Individualkompetenzen und Handlungskompetenzen. In jeder dieser Kategorien sind die spezifischen Kompetenzen aufgelistet, die für deine Tätigkeit relevant sind. Beispielsweise können unter der Kategorie "Fachkompetenzen" Kompetenzen wie Fachwissen, Kenntnisse in der Anwendung bestimmter Technologien oder Kenntnisse in rechtlichen Fragestellungen aufgelistet sein.

Der Kompetenzkatalog spielt eine zentrale Rolle im Kompetenzmanagement. Er ermöglicht es, Anforderungs- und Kompetenzprofile zu erstellen und Entwicklungspläne zu gestalten. Dadurch kannst du genau definieren, welche Fähigkeiten und Kenntnisse für eine Position wichtig sind und sie mit den bereits vorhandenen Kompetenzen abgleichen. So kannst du herausfinden, welche Kompetenzen bei einer Stellenbesetzung besonders relevant sind oder wo es noch Potenzial zur Weiterentwicklung gibt.

Durch die Verwendung eines standardisierten Kompetenzkatalogs können Bewertungs- und Entwicklungsprozesse objektiver und transparenter gestaltet werden. Die Kriterien zur Bewertung von Kompetenzen sind einheitlich definiert und somit für alle Mitarbeiterys und Führungskräftys nachvollziehbar. Das fördert Akzeptanz und Motivation und ermöglicht eine gezieltere Entwicklung von Fähigkeiten.

9.3.2 Bewertungskriterien

Wenn du Bewertungskriterien festlegst, ist es wichtig, dass du sie möglichst konkret und präzise gestaltest, um eine einheitliche und vergleichbare Bewertung sicherzustellen. Du musst dabei auch die unterschiedlichen Anforderungen und Anwendungsbereiche der Kompetenz berücksichtigen.

Mit zunehmender Größe des Unternehmens kann es schwieriger werden, eine Einheitlichkeit der Beschreibungen für Bewertungskriterien zu gewährleisten. Das liegt vor allem an der Vielfalt der Aufgaben und Positionen innerhalb des Unternehmens. Es gibt verschiedene Abteilungen und Bereiche, von Produktion über Marketing bis hin zur Verwaltung, die spezifische Anforderungen und Kompetenzen haben.

Da die Anforderungen je nach Bereich variieren, ist es herausfordernd, eine allgemeingültige Beschreibung zu finden, die für alle gleichermaßen zutrifft. Was in der Marketingabteilung als herausragende Kommunikationsfähigkeiten angesehen wird, mag in der IT-Abteilung weniger relevant sein, während technisches Know-how in der IT-Abteilung von hoher Bedeutung ist.

Innerhalb eines Bereichs können sich zudem die Aufgaben und Anforderungen von Position zu Position stark unterscheiden. Führungskräfte haben oft andere Kompetenzanforderungen als Mitarbeiterys in ausführenden Funktionen. Diese Vielfalt an Aufgaben und Positionen erschwert eine standardisierte Beschreibung für Bewertungskriterien.
Auch die Unternehmenskultur und Traditionen spielen eine Rolle. Unterschiedliche Führungsstile und Herangehensweisen können sich auf die Definition und Bewertung von Kompetenzen auswirken. Einige Abteilungen oder Teams mögen bestimmte Kompetenzen als besonders wichtig erachten, während andere sie weniger beachten.

Trotz dieser Herausforderungen gibt es Möglichkeiten, um eine größere Einheitlichkeit zu erreichen. Ein übergreifender Kompetenzrahmen kann definiert werden, der die grundlegenden Fähigkeiten und Eigenschaften beschreibt, die für alle Mitarbeiterys wichtig sind. Zudem können interne Experten-Teams aus verschiedenen Abteilungen gemeinsam an der Erstellung und Anpassung von Bewertungskriterien arbeiten, um verschiedene Perspektiven einzubringen.
Die aktive Einbindung von Mitarbeiterys ist ebenfalls entscheidend. Du kannst durch Umfragen, Workshops oder Fokusgruppen die Meinungen, Bedürfnisse und Erfahrungen sammeln. Eine transparente Kommunikation über die Bewertungskriterien sowie regelmäßige Schulungen und Informationsveranstaltungen helfen allen Mitarbeiterys, die Kriterien besser zu verstehen.

Eine regelmäßige Überprüfung und Anpassung der Bewertungskriterien sind wichtig, um eine dynamische Herangehensweise zu gewährleisten. Die Verwendung standardisierter Bewertungsinstrumente mit klaren Kriterien und Bewertungsskalen kann zusätzlich zur objektiven Beurteilung beitragen.
Wenn du diese Strategien kombinierst und einen partizipativen, offenen Ansatz für die Entwicklung der Bewertungskriterien wählst, kann eine größere Einheitlichkeit erreicht werden. Dadurch wird sichergestellt, dass die Kompetenzen fair und transparent bewertet werden, unabhängig von den vielfältigen Bedürfnissen und Ansichten innerhalb des Unternehmens.

9.4 Kompetenzentwicklung

Der Begriff Kompetenzentwicklung umfasst die Verbesserung und Erweiterung der vorhandenen Kompetenzen von Mitarbeiterys oder Teams innerhalb einer Organisation. Ziel ist dabei, das individuelle Potenzial der Mitarbeiterys zu fördern und deren Leistungsfähigkeit zu steigern, um die Anforderungen der Organisation effektiver zu erfüllen.

Die Kompetenzentwicklung kann auf verschiedenen Ebenen ansetzen. Auf individueller Ebene kann sie sich auf die Weiterbildung und Schulung der Mitarbeiterys konzentrieren, um deren Kenntnisse, Fähigkeiten und Erfahrungen zu erweitern. Dies kann durch interne oder externe Schulungen, Mentoring oder Coaching sowie durch die Teilnahme an Weiterbildungsprogrammen oder Seminaren erfolgen. Auch das Übertragen neuer Aufgabenbereiche oder Projekte an deine Mitarbeiterys kann deren Kompetenzen erweitern und sie so bei der persönlichen Entwicklung unterstützen.

Auf der Ebene von Teams kann die Kompetenzentwicklung sich auf die Förderung von Zusammenarbeit und Kommunikation konzentrieren, um die Effektivität des Teams zu steigern. Auch hier kann Mentoring oder Coaching helfen. Konfliktmanagement-Trainings oder Teambuilding-Workshops können die Zusammenarbeit innerhalb des Teams fördern. Darüber hinaus kann die Zusammenarbeit mit anderen Teams innerhalb der Organisation oder die Teilnahme an Projekten mit externen Partnern oder Kunden helfen, die Kompetenzen deiner Teams zu erweitern und zu verbessern.

Das Konzept der Kompetenzentwicklung ist ein wichtiger Bestandteil des Kompetenzmanagements und trägt zur Entwicklung einer lernenden Organisation bei, die deine Mitarbeiterys unterstützt und fördert, um ihre Leistungsfähigkeit und Produktivität zu steigern.

9.5 Kompetenzbewertung

Kompetenzbewertung ist wichtige, um das Kompetenzniveau von Mitarbeiterys in einem Unternehmen zu evaluieren. Sie ermöglicht es dir, individuelle Stärken und Schwächen zu identifizieren und Schulungsbedarfe zu bestimmen, um das Potenzial deiner Mitarbeiterys voll auszuschöpfen und damit die Leistung deines Bereichs zu verbessern.

Es gibt verschiedene Ansätze und Methoden zur Bewertung von Kompetenzen. Ein häufig verwendetes Verfahren ist das Fünfstufen-System, bei dem die Kompetenz auf einer Skala von 1 bis 5 bewertet wird. Dabei werden bestimmte Bewertungskriterien festgelegt, die es dir ermöglichen, die Kompetenz objektiver zu bewerten.

Die Bewertung von Kompetenzen solltest du regelmäßig machen, um sicherzustellen, dass deine Mitarbeiterys über die erforderlichen Fähigkeiten verfügen, um ihre Aufgaben erfolgreich auszuführen. Regelmäßige Bewertungen können auch dazu beitragen, dass deine Mitarbeiterys motiviert bleiben und sich ständig weiterentwickeln. Dabei ist es wichtig, dass die Bewertungen transparent und fair durchgeführt werden und dass deine Mitarbeiterys Feedback erhalten, das ihnen hilft, ihre Kompetenzen zu verbessern.

Ein weiterer Vorteil regelmäßiger Kompetenzbewertungen ist, dass sie dazu beitragen können, dass dein Unternehmen den Überblick über die Fähigkeiten und Kompetenzen ihrer Mitarbeiterys behält. Dies kann bei der Entwicklung von Schulungs- und Weiterbildungsprogrammen hilfreich sein.

9.6 Kompetenzbindung

Kompetenzbindung bezieht sich auf die Maßnahmen, die ein Unternehmen ergreift, um die Kompetenzen seiner Mitarbeiterys langfristig an sich zu binden. Dies kann beispielsweise durch gezielte Personalentwicklungsmaßnahmen wie Schulungen, Coaching oder Mentoring geschehen. Auch eine attraktive Vergütung und ein angenehmes Arbeitsumfeld können dazu beitragen, dass Mitarbeiterys längerfristig im Unternehmen bleiben und ihre Kompetenzen dort einsetzen.

Kompetenzbindung ist besonders wichtig für Unternehmen, die auf spezielle oder selten vorkommende Kompetenzen angewiesen sind. Wenn solche Kompetenzen in einem Unternehmen vorhanden sind, kann es für das Unternehmen von großem Vorteil sein, diese Mitarbeiterys langfristig an sich zu binden, um einen Wettbewerbsvorteil zu erzielen. Denn durch eine höhere Mitarbeiterbindung kann das Unternehmen langfristig stabiler aufgestellt sein und auch in Zeiten des Fachkräftemangels auf eine bestehende Basis von qualifizierten Mitarbeiterys zurückgreifen.

Eine effektive Kompetenzbindung erfordert regelmäßige Überprüfung der Mitarbeiterzufriedenheit und eine kontinuierliche Verbesserung der Arbeitsbedingungen und Anreize, um Mitarbeiterys langfristig an das Unternehmen zu binden. Gleichzeitig ist es wichtig, den Mitarbeiterys auch langfristige Karriereperspektiven im Unternehmen aufzuzeigen und sie aktiv in den Prozess der Kompetenzentwicklung und -bindung einzubinden. Durch die Investition in die Kompetenzbindung können Unternehmen langfristig von den Kompetenzen ihrer Mitarbeiterys profitieren und ihre Wettbewerbsfähigkeit stärken.

Im Zuge des akuten Fachkräftemangels gewinnt das Thema Kompetenzbindung immer mehr an Bedeutung. Denn wenn es an qualifizierten Mitarbeiterys mangelt, wird es für Unternehmen immer schwieriger, ihre Stellen zu besetzen und ihre Wettbewerbsfähigkeit aufrechtzuerhalten. In diesem Zusammenhang spielt die Bindung von Mitarbeiterys mit wichtigen Kompetenzen eine zentrale Rolle, um diese langfristig an das Unternehmen zu binden und damit den Know-how-Verlust durch Fluktuation zu vermeiden.

Dabei geht es nicht nur darum, die Mitarbeiterys durch attraktive Arbeitsbedingungen und Karrieremöglichkeiten im Unternehmen zu halten, sondern auch um eine gezielte Förderung und Weiterentwicklung der Kompetenzen der Mitarbeiterys. Denn wenn Mitarbeiterys das Gefühl haben, dass sie sich weiterentwickeln können und gefördert werden, steigt ihre Identifikation mit dem Unternehmen und ihre Motivation, sich langfristig an das Unternehmen zu binden.

9.7 Überwachung und Anpassung des Kompetenzmanagement-Modells

Kompetenzmanagement ist ein kontinuierlicher Prozess, der darauf abzielt, die Kompetenzen der Mitarbeiterys deines Bereichs zu identifizieren, zu entwickeln und zu binden. Um dieses Ziel effektiv zu erreichen, ist es jedoch notwendig, dass das Modell ständig überwacht und angepasst wird. Einer der Gründe dafür ist, dass sich die Anforderungen an die Kompetenzen in einem Bereich einem ständigen Wandel befinden. Das kann aufgrund von Veränderungen im Markt, der Technologie, der Gesetzgebung oder anderen Faktoren geschehen. Wenn ein Unternehmen nicht auf diese Veränderungen reagiert, besteht das Risiko, dass die Kompetenzen der Mitarbeiterys nicht mehr den Anforderungen entsprechen und dadurch das Unternehmen möglicherweise nicht mehr wettbewerbsfähig ist.

Ein weiterer Grund, warum das Kompetenzmanagement-Modell überwacht und angepasst werden muss, ist, dass sich die Kompetenzen der Mitarbeiterys im Laufe der Zeit verändern können. Mitarbeiterys können neue Fähigkeiten erwerben, ihre bestehenden Fähigkeiten verbessern oder ihre Interessen und Karriereziele ändern. Wenn das Modell nicht regelmäßig überwacht und angepasst wird, besteht das Risiko, dass die Kompetenzen der Mitarbeiterys nicht vollständig genutzt werden oder dass die Mitarbeiterys nicht in der Lage sind, ihre Karriereziele zu erreichen.

Darüber hinaus kann die Überwachung und Anpassung dazu beitragen, dass Mitarbeiterys motiviert und engagiert bleiben. Mitarbeiterys, die das Gefühl haben, dass ihre Kompetenzen wertgeschätzt werden und dass das Unternehmen in ihre Entwicklung investiert, sind in der Regel zufriedener und motivierter. Wenn ein Unternehmen nicht in der Lage ist, die Kompetenzen der Mitarbeiterys zu nutzen und zu entwickeln, kann dies zu Frustration und Demotivation führen, was zu einem höheren Mitarbeiterfluktuation und einem negativen Einfluss auf die Unternehmenskultur führen kann.

Die positiven Effekte der Wertschätzung und Investition in die Entwicklung der Mitarbeiterys können auf verschiedene psychologische Gründe zurückgeführt werden, die sich sowohl kurzfristig, mittelfristig als auch langfristig auswirken. Kurzfristig führt die Anerkennung der Kompetenzen und Leistungen zu einem gesteigerten Gefühl der Zufriedenheit und des Wohlbefindens bei den Mitarbeiterys. Wenn sie spüren, dass ihre Arbeit geschätzt wird, erleben sie positive Emotionen wie Freude und Stolz, die ihre Motivation und Arbeitsmoral unmittelbar erhöhen. Die Wertschätzung stärkt auch ihr Selbstwertgefühl und ihr Selbstvertrauen, was sich positiv auf ihr Engagement und ihre Leistung auswirkt.

Mittelfristig trägt die Investition in die Entwicklung der Mitarbeiterys dazu bei, ihr Potenzial auszuschöpfen und ihre Fähigkeiten zu erweitern. Wenn sie sehen, dass das Unternehmen in ihre berufliche Weiterentwicklung investiert, entwickeln sie ein Gefühl der Verbundenheit und Bindung zum Unternehmen. Dies fördert ihre Loyalität und Bereitschaft, sich langfristig für das Unternehmen einzusetzen. Die Mitarbeiterys fühlen sich geschätzt und wissen, dass ihre Karriereziele und persönlichen Ambitionen im Unternehmen unterstützt werden.

Langfristig hat die Wertschätzung und Investition in die Mitarbeiterentwicklung positive Auswirkungen auf die Unternehmenskultur. Ein Klima der Wertschätzung fördert eine offene Kommunikation und Teamarbeit. Mitarbeiterys fühlen sich ermutigt, ihre Ideen einzubringen und sich aktiv am Erfolg des Unternehmens zu beteiligen. Dies führt zu einer positiven Teamdynamik und einer angenehmen Arbeitsatmosphäre, die sich wiederum auf die Mitarbeiterbindung und die Mitarbeiterzufriedenheit auswirken.

Die Investition in die Kompetenzentwicklung trägt dazu bei, dass die Mitarbeiterys sich als wertvolles Mitglied des Unternehmens sehen und ihre Rolle darin als bedeutsam empfinden. Sie entwickeln ein gestärktes Selbstbewusstsein, das sie motiviert, ihre Fähigkeiten kontinuierlich auszubauen und sich neuen Herausforderungen zu stellen. Dieser Antrieb zur persönlichen Weiterentwicklung wirkt sich positiv auf ihre berufliche Entwicklung und Karrierechancen aus.

10. Umsetzung von Kompetenzmanagement in der Praxis

10.1 Methoden und Instrumente des Kompetenzmanagements

Bei der Auswahl der Instrumente und Methoden für das Kompetenzmanagement wirst du feststellen, dass verschiedene Faktoren eine Rolle spielen, darunter die Größe deines Unternehmens, die Branche, in der es tätig ist, sowie die spezifischen Anforderungen und Ziele, die es verfolgt. Eine genaue Analyse der Bedürfnisse und Rahmenbedingungen deines Unternehmens ist daher unerlässlich, um ein passendes Konzept zu entwickeln.

Es ist wichtig zu beachten, dass nicht jede Methode und jedes Instrument für dein Unternehmen oder deine aktuelle Situation geeignet ist. Du solltest immer deine spezifischen Bedürfnisse und Ziele berücksichtigen und diejenigen Methoden und Instrumente auswählen, die am besten zu deiner Situation passen. Denke daran, dass die gewählten Methoden und Instrumente regelmäßig überprüft und angepasst werden sollten, um sicherzustellen, dass sie effektiv bleiben und den sich ändernden Anforderungen gerecht werden. Einige gängige Methoden und Instrumente, die im Rahmen des Kompetenzmanagements eingesetzt werden können, werden folgend aufgeführt.

10.1.1 Kompetenzmanagement-Software

Eine Kompetenzmanagement-Software kann dir dabei helfen, Kompetenzen effektiv zu verwalten und gezielte Maßnahmen zur Kompetenzentwicklung zu planen. Mit dieser Software kannst du beispielsweise Kompetenzprofile erstellen und Kompetenzmessungen durchführen. Sie bietet dir außerdem die Möglichkeit, Berichte und Analysen zu erstellen, die es dir ermöglichen, Trends und Muster im Kompetenzniveau der Mitarbeiterys zu erkennen.

Durch die Nutzung von Software kannst du gezielte Entscheidungen über zukünftige Personalentwicklungsmaßnahmen treffen, die auf den individuellen Bedürfnissen deiner Mitarbeiterys basieren. Das

Thema Software spielt eine zentrale Rolle in der Umsetzung des Kompetenzmanagements und wird daher in Kapitel 11 genauer behandelt. Es wird dir zeigen, wie du diese leistungsstarke Technologie optimal nutzen kannst, um das Kompetenzmanagement in deinem Bereich auf ein neues digitales Level zu heben.

10.1.2 Entwicklungspläne

Entwicklungspläne können sicherstellen, dass Mitarbeiterys die notwendigen Fähigkeiten und Kenntnisse erwerben, um ihre aktuellen und zukünftigen Aufgaben erfolgreich zu erfüllen. Durch die Erstellung von individuellen Entwicklungsplänen kannst du für identifizierte Schwachstellen und Potenziale entsprechende Maßnahmen ergreifen, um die Kompetenzen der Mitarbeiterys gezielt zu entwickeln.

Entwicklungspläne können sowohl für einzelne Mitarbeiterys als auch für ganze Teams oder Abteilungen erstellt werden. Zunächst müssen die aktuellen Fähigkeiten und Kenntnisse bewertet werden, um festzustellen, wo Verbesserungsbedarf besteht. Hier können z.B. Kompetenzprofile und Kompetenzanalysen helfen, um individuelle Stärken und Schwächen zu identifizieren. Auf dieser Basis können dann individuelle Entwicklungspläne erstellt werden, die sowohl die kurzfristige als auch die langfristige Entwicklung berücksichtigen.

Entwicklungspläne sollten klare Ziele und Maßnahmen zur Entwicklung der Kompetenzen enthalten, wie z.B. Schulungen, Workshops, Mentoring oder Coaching. Die Ziele sollten spezifisch, messbar, erreichbar, relevant und zeitgebunden sein (SMART-Kriterien). Es ist auch wichtig, den Fortschritt regelmäßig zu überprüfen und die Pläne bei Bedarf anzupassen, um sicherzustellen, dass die gewünschten Ergebnisse erzielt werden.

Durch individuelle Entwicklungspläne kannst du sicherstellen, dass Mitarbeiterys sich ständig weiterentwickeln und auf dem neuesten Stand der Technik und des Wissens bleiben. Dies führt zu einer höheren Mitarbeiterzufriedenheit und -bindung und steigert Produktivität, Qualität und Innovation.

10.1.3 Mitarbeitergespräche

Mitarbeitergespräche bieten die Möglichkeit, Kompetenzen von Mitarbeiterys zu erfassen, zu bewerten und zu entwickeln. Im Rahmen von Mitarbeitergesprächen können Führungskräfte mit ihren Mitarbeiterys Ziele vereinbaren, Feedback geben und den Entwicklungsbedarf ermitteln. Auf diese Weise können die Kompetenzen der Mitarbeiterys kontinuierlich verbessert werden, was sich positiv auf die Leistung des Einzelnen und des Unternehmens auswirken kann.

Mitarbeitergespräche ermöglichen, dass auch Mitarbeiterys ihre eigenen Stärken und Schwächen erkennen und gezielte Entwicklungspläne aufstellen können. Durch das Nutzen von Feedback und das Setzen von gemeinsamen Zielen können Mitarbeiterys motiviert werden, ihre Kompetenzen zu verbessern und sich aktiv in die Entwicklung ihrer Karriere und ihrer Kompetenzen einzubringen.

Darüber hinaus können Mitarbeitergespräche dazu beitragen, dass sich Mitarbeiterys stärker mit ihrem Arbeitgeber identifizieren und sich langfristig an das Unternehmen binden. Wenn Mitarbeiterys das Gefühl haben, dass ihre Kompetenzen und ihre Arbeit wertgeschätzt werden, sind sie eher bereit, sich für das Unternehmen zu engagieren und ihre Kompetenzen im Sinne der Unternehmensziele einzusetzen. Mitarbeitergespräche können daher ein wichtiger Bestandteil einer umfassenden Personalentwicklungsstrategie sein.

10.1.4 Schulungen und Weiterbildungen

Durch Schulungen können neue Fähigkeiten und Kenntnisse erworben werden, die für den aktuellen Arbeitsplatz oder für zukünftige Positionen im Unternehmen relevant sind. Dies hilft nicht nur den Mitarbeiterys, ihre Fähigkeiten zu erweitern und ihre Karriere zu fördern, sondern trägt auch zur Steigerung der Leistung und Produktivität des Unternehmens bei.

Weiterbildungen sind auch ein wichtiger Faktor für die Mitarbeitermotivation und -bindung. Wenn Mitarbeiterys das Gefühl haben, dass ihre Arbeitgeber in ihre Entwicklung und ihr Wachstum investieren, fühlen sie sich wertgeschätzt und sind eher bereit, sich für das Unternehmen zu engagieren und langfristig zu bleiben. Darüber hinaus kann das Angebot von Schulungen und Weiterbildungen auch dazu beitragen, neue Talente anzuziehen und das Unternehmen für potenzielle Bewerber attraktiver zu machen.

10.1.5 Mentoring

Beim Mentoring handelt es sich um eine persönliche Beziehung zwischen einem erfahrenen Mitarbeitery dem Mentor und einem weniger erfahrenen Mitarbeitery dem Mentee. Der Mentor teilt dabei sein Wissen und seine Erfahrungen und hilft dem Mentee, seine Kompetenzen gezielt auszubauen.

Mentoring kann sowohl informell als auch formal organisiert werden. In einem informellen Setting kann der Mentor beispielsweise aufgrund seiner Erfahrungen dem Mentee in bestimmten Situationen Ratschläge oder Feedback geben. Im formalen Setting kann ein Mentoring-Programm von der Personalabteilung organisiert und koordiniert werden. Dabei werden Mentoren und Mentees gezielt ausgewählt und es gibt regelmäßige Treffen und Feedback-Runden.

Durch Mentoring können Mitarbeiterys von den Erfahrungen und dem Wissen erfahrener Kollegys profitieren und gezielt gefördert werden. Dies kann sich positiv auf ihre Kompetenzentwicklung auswirken und ihnen dabei helfen, ihre Ziele im Unternehmen zu erreichen. Darüber hinaus kann Mentoring auch dazu beitragen, die Kommunikation und das Zusammengehörigkeitsgefühl im Unternehmen zu fördern, indem es den Austausch zwischen Mitarbeiterys aus verschiedenen Abteilungen und Hierarchieebenen fördert.

10.1.6 Job Rotation

Bei der Jobrotation werden Mitarbeiterys gezielt in unterschiedlichen Bereichen und Aufgabenbereichen eingesetzt, um ihre Fähigkeiten und Kenntnisse zu erweitern und zu verbessern. Jobrotation fördert somit die Entwicklung von Fach-, Methoden- und Sozialkompetenzen, da die Mitarbeiterys ihre Fähigkeiten und Kenntnisse in verschiedenen Arbeitsumfeldern anwenden und erweitern können.

Durch Jobrotation lernen die Mitarbeiterys auch, flexibel und anpassungsfähig zu sein, was besonders in sich schnell verändernden Arbeitsumgebungen von Vorteil ist. Zudem fördert es die Motivation und das Engagement der Mitarbeiterys, da sie die Möglichkeit haben, ihre Kompetenzen zu erweitern und neue Herausforderungen anzunehmen. Auch die Identifikation mit dem Unternehmen und das Verständnis für andere Abteilungen und Arbeitsbereiche können durch Jobrotation gestärkt werden.

Darüber hinaus kann Jobrotation auch als Instrument zur Personalentwicklung und zur Karriereförderung genutzt werden. Mitarbeiterys, die durch Jobrotation verschiedene Bereiche des Unternehmens kennenlernen, können so gezielt auf Führungsaufgaben vorbereitet werden.

10.1.7 Projektarbeit

Projektarbeit bietet die Möglichkeit, die vorhandenen Kompetenzen der Mitarbeiterys gezielt zu fördern und weiterzuentwickeln. Durch die Arbeit an einem Projekt können Mitarbeiterys ihre fachlichen, methodischen und sozialen Kompetenzen einbringen und ausbauen.

Projektarbeit ermöglicht auch die Erweiterung des Wissens und die Anwendung neuer Technologien oder Methoden. Durch die Zusammenarbeit in einem Team können auch die kommunikativen Fähigkeiten verbessert werden. Zudem ermöglicht es den Mitarbeitern, über den Tellerrand hinauszuschauen und neue Erfahrungen zu sammeln.

Durch gezielte Projektzuweisungen können auch punktuell Lücken im Kompetenzprofil einzelner Mitarbeiterys geschlossen werden. Projektarbeit bietet somit eine effektive Möglichkeit, die Kompetenzen der Mitarbeiter gezielt zu fördern und weiterzuentwickeln und somit wiederum die Leistungsfähigkeit des Unternehmens zu steigern.

10.2 Die 70:20:10 Methode

Die 70:20:10-Methode ist ein Modell für das berufliche Lernen und die Entwicklung von Kompetenzen, das auf der Idee basiert, dass Lernen nicht nur durch formale Schulungen erfolgt, sondern auch durch informelles Lernen und praktische Erfahrungen. Die Zahlen 70, 20 und 10 repräsentieren dabei die prozentuale Verteilung der verschiedenen Lernquellen.

<u>70%: Erfahrungsbasiertes Lernen (Learning by Doing):</u> Der größte Anteil, nämlich 70%, bezieht sich auf das Lernen durch praktische Erfahrungen und die Anwendung von Fähigkeiten im Arbeitskontext. Dies kann durch Projekte, Aufgaben, Herausforderungen und den täglichen Arbeitsprozess erfolgen. Die Idee ist, dass die meisten und nachhaltigsten Lernerfahrungen direkt am Arbeitsplatz stattfinden.

<u>20%: Soziales Lernen (Learning from Others):</u> Ein weiterer signifikanter Anteil von 20% bezieht sich auf das Lernen durch soziale Interaktionen und Zusammenarbeit mit anderen. Dies kann durch Mentoring, Coaching, Feedback, informelle Diskussionen und den Austausch von Erfahrungen mit Kollegen erfolgen. Der soziale Aspekt des Lernens spielt eine entscheidende Rolle bei der Wissensvermittlung und Kompetenzentwicklung.

<u>10%: Formales Lernen (Learning from Formal Education):</u> Der kleinste Anteil, 10%, bezieht sich auf formales Lernen, das durch strukturierte Schulungen, Seminare, Kurse und andere formelle Bildungsmaßnahmen erfolgt. Obwohl dieser Anteil am geringsten ist, bleibt formales Lernen wichtig, insbesondere wenn es darum geht, grundlegende Konzepte, Theorien und bestimmte Fähigkeiten zu vermitteln.

Die 70:20:10-Methode betont die Notwendigkeit einer ausgewogenen und ganzheitlichen Herangehensweise an die Kompetenzentwicklung. Indem sie die verschiedenen Arten des Lernens integriert, ermöglicht sie es Einzelpersonen, ihre Fähigkeiten und Kenntnisse auf effektive Weise zu erweitern und anzuwenden. Dieses Modell betont die Integration des Lernens in den Arbeitsalltag und unterstützt die kontinuierliche Weiterentwicklung von Mitarbeiterys.

Die 70:20:10-Methode hat in der Praxis an Popularität gewonnen, aber es gibt keine umfassenden, einheitlichen Studien, die ihre Wirksamkeit definitiv belegen. Es ist wichtig zu beachten, dass die Effektivität dieser Methode stark von der konkreten Umsetzung in einer bestimmten Organisation abhängt.

Einige Organisationen haben positive Erfahrungen mit der Anwendung der 70:20:10-Methode gemacht und berichten von einer verbesserten Fähigkeitsentwicklung, gestärkten Teams und einer erhöhten Anpassungsfähigkeit ihrer Mitarbeiterys an sich verändernde Arbeitsanforderungen. Dennoch gibt es auch kritische Stimmen, die darauf hinweisen, dass die Gewichtung von 70:20:10 als Faustregel nicht zwangsläufig auf jede Organisation oder jeden Kontext zutrifft.

Es gibt einzelne Fallstudien und Erfahrungsberichte von Unternehmen, die erfolgreich die Prinzipien der 70:20:10-Methode angewendet haben. Diese Erfahrungen sind jedoch oft auf die spezifischen Bedürfnisse und Strukturen der jeweiligen Organisation zugeschnitten.

Es ist ratsam, bei der Implementierung der 70:20:10-Methode in einer Organisation sorgfältig vorzugehen, den Kontext zu berücksichtigen und die Auswirkungen regelmäßig zu evaluieren. Jede Organisation ist einzigartig, und daher kann eine maßgeschneiderte Herangehensweise erforderlich sein, um die bestmöglichen Ergebnisse zu erzielen.

10.3 Erfolgsfaktoren und Herausforderungen bei der Einführung

Die Einführung eines effektiven Kompetenzmanagements ist ein umfangreiches und anspruchsvolles Unterfangen. Es erfordert von dir sorgfältige Planung und Durchführung sowie die Berücksichtigung verschiedener Faktoren, um erfolgreich zu sein.

10.3.1 Erfolgsfaktoren

Das Kompetenzmanagement sollte auf die strategischen Ziele deines Unternehmens ausgerichtet sein. Eine klare Verbindung zwischen Kompetenzmanagement und Unternehmensstrategie ist von entscheidender Bedeutung, um den Beitrag zur Erreichung der Unternehmensziele zu verdeutlichen. Die Identifizierung der benötigten Kernkompetenzen des Unternehmens ist daher ein wichtiger Schritt, um sicherzustellen, dass das Kompetenzmanagement auf die relevanten Kompetenzen fokussiert ist.

Das Management spielt eine entscheidende Rolle bei der Einführung von Kompetenzmanagement. Es ist wichtig, dass es das System unterstützt und sich aktiv daran beteiligt. Die Einbindung von Mitarbeiterys in die Planung und Umsetzung des Systems kann ebenfalls zur Akzeptanz beitragen. Das Management sollte auch regelmäßig über den Fortschritt und die Ergebnisse des Kompetenzmanagementsystems informieren, um Transparenz und Vertrauen zu fördern.

Das Kompetenzmanagement sollte als kontinuierlicher Prozess betrachtet werden, der regelmäßig überprüft und verbessert wird. Die Bewertung und Überwachung des Kompetenzmanagements sind wichtig, um sicherzustellen, dass es den Anforderungen des Unternehmens entspricht.

10.3.2 Herausforderungen

Die Einführung des Kompetenzmanagements kann eine Veränderung der Unternehmenskultur erfordern. Es wird Widerstände geben, da Mitarbeiterys möglicherweise Veränderungen als Bedrohung empfinden oder Angst haben, dass ihre Kompetenzen nicht ausreichend sind. Eine deiner größten Herausforderungen ist daher die Akzeptanz und das Engagement der Belegschaft. Wenn Mitarbeiterys das System als administrativ und belastend empfinden, kann dies zu Widerstand und Ablehnung führen. Umso mehr ist es wichtig, dass das System auf die Bedürfnisse und Erwartungen der Mitarbeiterys abgestimmt wird.

Das Kompetenzmanagement muss in bestehende HR-Systeme wie Performance Management, Talent Management oder Weiterbildung integriert werden. Die Integration kann eine Herausforderung darstellen, da verschiedene Systeme möglicherweise nicht aufeinander abgestimmt sind.

Ein effektives Kompetenzmanagement erfordert darüber hinaus eine gute Datenqualität. Es ist wichtig sicherzustellen, dass die Daten über Kompetenzen aktuell und genau sind. Eine geeignete Softwarelösung kann das System automatisieren, Daten zentralisieren und den Zugriff auf Informationen vereinfachen und so die Verwaltung, Bewertung und Überwachung von Kompetenzen erleichtert. Die Auswahl der richtigen Technologie und die Integration in bestehende Systeme erfordern sorgfältige Planung und Überlegung.

Eine erfolgreiche Einführung von Kompetenzmanagement hängt auch von der Schulung und dem Bewusstsein der Mitarbeiterys ab. Gemeint sind hier alle Mitarbeiterys, also auch Führungskraftys auf allen Ebenen bis hin zum oberen Management. Es ist wichtig, dass jeder versteht, was Kompetenzmanagement ist und wie es funktioniert. Hierfür sollten Schulungen und Trainings angeboten werden, die auf die spezifischen Bedürfnisse der Mitarbeiterys zugeschnitten sind. Es muss ein Bewusstsein dafür geschaffen werden, dass Kompetenzmanagement nicht nur eine administrative Aufgabe ist, sondern auch zur persönlichen Weiterentwicklung und Karriereplanung beiträgt.

Kompetenzmanagement muss in die Unternehmenskultur integriert werden, um langfristigen Erfolg zu gewährleisten. Es muss als integraler Bestandteil der Geschäftsstrategie und der Personalpolitik betrachtet werden. Die Verantwortung für die Umsetzung und Weiterentwicklung des Kompetenzmanagementsystems sollte daher klar definiert und kommuniziert werden.

> "Der sicherste Weg zum Erfolg ist immer, es doch noch einmal zu versuchen."
>
> Thomas Alva Edison

11. Kompetenzmanagement-Software

Software kann im Kompetenzmanagement eine wichtige Rolle spielen, indem sie dich dabei unterstützt, die Fähigkeiten und Kompetenzen deiner Mitarbeiterys zu identifizieren, zu analysieren und zu verwalten. Durch den Einsatz von spezieller Kompetenzmanagement-Software kannst du zum Beispiel Kompetenzmodelle erstellen, individuelle Entwicklungspläne für Mitarbeiterys erstellen und Schulungsmaßnahmen planen und durchführen. Die Software ermöglicht es dir auch, die Kompetenzen deiner Mitarbeiterys zu überwachen und zu bewerten, um sicherzustellen, dass sie den Anforderungen des Unternehmens und den Anforderungen der jeweiligen Position entsprechen. Durch die Verwendung von Software kann dein Unternehmen auch die Effektivität ihrer Kompetenzmanagementstrategie messen und verbessern, indem sie detaillierte Daten über die Kompetenzen und Fähigkeiten eurer Mitarbeiterys sammelt und analysiert.

Um die Effektivität zu messen, können regelmäßige Mitarbeiterbewertungen und Leistungsgespräche durchgeführt werden. Hierbei werden die Kompetenzen der Mitarbeiterys in Bezug auf ihre aktuellen Positionen bewertet, und es wird überprüft, ob sie ihre individuellen Entwicklungspläne umsetzen. Die Ergebnisse dieser Bewertungen können genutzt werden, um Stärken und Schwächen in Bezug auf die Kompetenzen zu identifizieren und gezielte Maßnahmen abzuleiten.

Die Auswirkung auf eure Unternehmensziele sollte ebenfalls berücksichtigt werden. Eine effektive Kompetenzmanagementstrategie sollte sich positiv auf die Produktivität, die Qualität der Arbeit und letztendlich auf die Erreichung der Unternehmensziele auswirken. Hierzu können Erfolgsindikatoren wie Umsatzsteigerungen, Kostenreduktionen oder Kundenfeedback herangezogen werden.

Um die Effektivität zu verbessern, ist es wichtig, die gesammelten Daten kontinuierlich zu analysieren und auszuwerten. Auf Basis der Erkenntnisse können Anpassungen an den Kompetenzmodellen und Entwicklungsplänen vorgenommen werden, um sie an veränderte Anforderungen anzupassen. Bei all dem hilft eine gute Software.

11.1 Funktionsweise von Kompetenzmanagementsoftware

11.1.1 Technische Grundlagen und Voraussetzungen

Die technischen Grundlagen und Voraussetzungen für eine erfolgreiche Software sind von entscheidender Bedeutung für die reibungslose Implementierung und den Betrieb. Es ist wichtig, dass dein Unternehmen die technischen Grundlagen und Voraussetzungen versteht und sicherstellt, dass diese erfüllt sind, bevor ihr die Software einführt. Nur so kann gewährleistet werden, dass der Betrieb reibungslos funktioniert und alle relevanten Informationen effektiv verwaltet werden können.

Eine leistungsfähige und zuverlässige Infrastruktur ist die Grundlage für die reibungslose Funktion. Hierzu zählen unter anderem ausreichende Serverkapazitäten, ausreichender Arbeitsspeicher und Speicherplatz sowie eine ausreichende Bandbreite.

Es wird eine Datenbank benötigt, um alle relevanten Informationen zu speichern und zu verwalten. Die Datenbank muss zuverlässig und schnell sein und die Möglichkeit bieten, Daten einfach zu filtern und abzurufen.

Die Software muss in eure vorhandenen Systeme integriert werden können, um einen nahtlosen Datenaustausch zu gewährleisten. Hierzu zählen beispielsweise die Integration mit dem Personalmanagementsystem, dem Learning-Management-System oder anderen relevanten Systemen.

Die Software muss darüber hinaus flexibel und anpassbar sein, um den individuellen Bedürfnissen und Anforderungen deines Unternehmens gerecht zu werden. Dies kann beispielsweise durch die Möglichkeit der Konfiguration von Feldern, der Erstellung von benutzerdefinierten Berichten oder der Anpassung der Benutzeroberfläche erfolgen.

Eine intuitive Benutzeroberfläche und eine einfache Bedienung sind wichtige Voraussetzungen für den erfolgreichen Einsatz. Eure Mitarbeiterys müssen auch ohne größere Schulungen in der Lage sein, die Software schnell zu verstehen und effektiv zu nutzen.

Ein zuverlässiger Support ist unerlässlich, um Probleme schnell und effektiv zu lösen. Die Kompetenzmanagementsoftware sollte über einen dedizierten Support-Kanal verfügen, der schnell erreichbar ist und qualitativ hochwertigen Support bietet. Da hier unter Umständen mit personenbezogenen Daten gearbeitet wird, müssen allgemeingültige wie lokale Datenschutzkriterien beachtet werden. Ich empfehle hier die restriktivsten Regelungen zu nehmen und diese allgemeingültig anzuwenden. Das vereinfacht das Handling, wer welche Daten sehen darf und wer nicht.

11.1.2 Datenmodellierung und -verwaltung

Die Datenmodellierung und Datenverwaltung spielen eine wichtige Rolle in der Kompetenzmanagementsoftware, da sie sicherstellen, dass die relevanten Daten korrekt und effektiv erfasst, gespeichert, abgerufen und verwaltet werden können.

Bei der Datenmodellierung geht es darum, das Datenmodell für die Software zu definieren, dass die Art und Weise beschreibt, wie die Daten innerhalb des Systems organisiert und strukturiert sind. Es ist wichtig sicherzustellen, dass das Modell die Anforderungen deines Unternehmens und der Nutzer erfüllt und dass es in der Lage ist, die relevanten Informationen zu sammeln und zu analysieren.

Ein gutes Datenmodell für Kompetenzmanagementsoftware sollte alle relevanten Datenkategorien enthalten, einschließlich eines Kompetenzkatalogs, Kompetenzprofile, Anforderungsprofile, Schulungen, Leistungsbeurteilungen und andere wichtige Informationen. Darüber hinaus sollte das Modell flexibel und skalierbar sein, um Änderungen und Erweiterungen im Laufe der Zeit zu ermöglichen.

Die Datenverwaltung umfasst die Aufgaben der Datenerfassung, Datenspeicherung, -aktualisierung und -abfrage. Eine wichtige Überlegung bei der Datenverwaltung ist die Sicherheit und Vertraulichkeit der Daten. Dies erfordert in der Regel den Einsatz von Verschlüsselungs- und Zugriffskontrolltechnologien sowie eine sorgfältige Überwachung der Datenzugriffe und Datenverwendungen.

Ein weiterer wichtiger Aspekt der Datenverwaltung ist die Integration mit anderen Systemen und Datenquellen im Unternehmen. Die Software sollte in der Lage sein, Daten aus verschiedenen Quellen zu sammeln und zu integrieren, um ein vollständiges Bild der Kompetenzen und Leistungen eurer Mitarbeiterys zu erhalten. Dazu können beispielsweise Daten aus HR-Systemen, Lernmanagementsystemen und anderen relevanten Quellen verwendet werden.

Eine effektive Datenmodellierung und Datenverwaltung sind entscheidend für den Erfolg einer Kompetenzmanagementsoftware. Durch die sorgfältige Planung und Umsetzung kann dein Unternehmen sicherstellen, dass es die richtigen Daten zur Verfügung hat, um eure Mitarbeiterys optimal zu fördern und eure Geschäftsziele zu erreichen.

11.1.3 Datensicherheit und Datenschutz

Datensicherheit und Datenschutz sind wichtige Aspekte bei der Implementierung von Kompetenzmanagementsoftware. Denn hier werden vertrauliche Informationen eurer Mitarbeiterys und deren Kompetenzen gespeichert, die unbedingt vor unbefugtem Zugriff geschützt werden müssen.

Ein wichtiger Faktor bei der Datensicherheit ist die Verwendung von Verschlüsselungsverfahren, um Daten während der Übertragung und Speicherung zu schützen. Auch die Implementierung von Zugriffskontrollen ist entscheidend, um sicherzustellen, dass nur autorisierte Personen Zugriff auf die Daten haben. Hierbei können beispielsweise Benutzer- und Gruppenrechte vergeben werden, um den Zugriff auf bestimmte Daten oder Funktionen zu beschränken.

Ein weiterer wichtiger Aspekt ist die Einhaltung der Datenschutzrichtlinien. Dazu gehört unter anderem, dass personenbezogene Daten nur für den Zweck der Kompetenzverwaltung erhoben und verwendet werden dürfen. Zudem müssen Maßnahmen ergriffen werden, um sicherzustellen, dass die Daten nicht unbefugt weitergegeben oder anderweitig missbraucht werden (Need-To-Know-Prinzip). Die Zugriffsrechte auf die Daten sollten in der Software individuell festgelegt werden können. So kann zum Beispiel ein Mitarbeitery nur auf das eigene Kompetenzprofil zugreifen, während eine Führungskraft Zugriff auf die Profile ihrer Mitarbeiterys hat. Auch hier ist es wichtig, dass die Zugriffsrechte regelmäßig überprüft und aktualisiert werden, um Missbrauch zu vermeiden.

Um die Einhaltung dieser Vorschriften zu gewährleisten, ist es wichtig, dass die Software regelmäßig auf Sicherheitslücken und Datenschutzrisiken überprüft wird. Auch Schulungen für Mitarbeiterys, die mit der Software arbeiten, können dazu beitragen, das Bewusstsein für Datenschutz und Datensicherheit zu stärken.

Insgesamt ist die Sicherheit der Daten ein zentraler Faktor bei der Einführung von Kompetenzmanagementsoftware. Dein Unternehmen muss sicherstellen, dass seine Systeme den geltenden Sicherheitsstandards entsprechen und dass die Daten eurer Mitarbeiterys sicher und geschützt sind.

11.2 Anforderungsprofile und Kompetenzkataloge

11.2.1 Kompetenzkataloge aufbauen und pflegen

Für einen erfolgreichen Aufbau und eine effektive Pflege des Kompetenzkatalogs durch eine Software müssen einige Anforderungen erfüllt werden. Zunächst einmal sollte es möglich sein, Kompetenzen in der Software anzulegen und zu verwalten. Dabei sollte dir die Software die Möglichkeit bieten, die Kompetenzen in Kategorien und Unterkategorien zu unterteilen und diese individuell zu benennen. Du solltest auch die Möglichkeit haben verschiedene Schlagwörter und Synonyme verwenden zu können, um die Suche von Kompetenzen zu erleichtern.

Die Software sollte auch eine Funktion zur Verwaltung von Hierarchien und Beziehungen zwischen verschiedenen Kompetenzen bieten. Das kann es dir ermöglichen, die Abhängigkeiten zwischen verschiedenen Kompetenzen zu verstehen und zu berücksichtigen, und somit eine genaue Zuordnung von Kompetenzen zu Anforderungen zu erleichtern.

Bei den Kompetenzen sollte es dir möglich sein, diese zu importieren bzw. zu exportieren.

11.2.2 Anforderungsprofile erstellen und verwalten

Um Anforderungsprofile einfach erstellen und verwalten zu können, sollte eine Software einige Funktionen und Eigenschaften mitbringen. Zunächst einmal sollte es möglich sein, Anforderungsprofile in der Software anzulegen und zu verwalten. Dabei sollte dir die Software eine einfache und intuitive Benutzeroberfläche bieten, um die Erstellung und Verwaltung der Anforderungsprofile so einfach wie möglich zu gestalten.

Es sollte dir auch möglich sein, bestehende Anforderungsprofile zu duplizieren und zu bearbeiten, um Zeit zu sparen und unnötige Arbeit zu vermeiden. Darüber hinaus sollte die Software die Möglichkeit bieten, Anforderungsprofile nach verschiedenen Kriterien zu filtern und zu sortieren, um schnell die gesuchten Profile zu finden.

Eine weitere wichtige Funktion ist die Möglichkeit, Anforderungsprofile zu exportieren und zu importieren. Dies ist besonders hilfreich, wenn Anforderungsprofile von anderen Quellen importiert oder in andere Systeme exportiert werden müssen.

Die Software sollte auch über eine Feedback-Funktion verfügen, damit eure Mitarbeiterys Feedback zu den Anforderungsprofilen geben können. Dadurch können Anforderungsprofile kontinuierlich verbessert und aktualisiert werden, um sicherzustellen, dass sie den aktuellen Anforderungen entsprechen.

11.2.3 Zusammenhang von Anforderungsprofilen und dem Kompetenzkatalog

Die Übernahme von Kompetenzen aus dem Katalog in ein Anforderungsprofil erfolgt in der Regel auf Basis von Such- und Filterfunktionen. Die Software sollte dir dabei eine intuitive und benutzerfreundliche Bedienung ermöglichen, um eine schnelle und effektive Übernahme von Kompetenzen zu gewährleisten. Hierbei sollten verschiedene Kriterien, wie z.B. Kompetenzbezeichnung, Kompetenzgruppe oder Kategorie, als Filter genutzt werden können.

Ein nicht zu vernachlässigender Aspekt ist die Flexibilität der Software. Oftmals müssen Anforderungsprofile angepasst und aktualisiert werden, um den sich verändernden Anforderungen des Unternehmens gerecht zu werden. Die Software sollte in der Lage sein, Änderungen schnell und einfach zu implementieren, um den Arbeitsaufwand für die Mitarbeiterys zu minimieren.

Zudem sollte die Software in der Lage sein, eine klare und übersichtliche Darstellung der übernommenen Kompetenzen im Anforderungsprofil zu gewährleisten. Eine grafische Darstellung, wie z.B. eine Baumstruktur oder eine Matrix, kann hierbei helfen, die Übersichtlichkeit zu verbessern. Es ist auch hilfreich, wenn die Sortierreihenfolge durch den Nutzer angepasst werden kann. Es empfiehlt sich immer die Kompetenzen dem Alphabet entsprechend aufsteigend zu sortieren, da es so eine in sich schlüssige Logik gibt, welche Kompetenz an welcher Stelle zu finden ist. Manchmal ist es aber auch hilfreich die Kompetenzen zuvor entsprechend der Kategorie zu sortieren bzw. zu Gruppieren und danach erst die Sortierung nach der Kompetenzbezeichnung durchzuführen. So ist es für den Anwender ggf. einfacher einen Überblick zu behalten.

Die Software sollte eine benutzerfreundliche und intuitive Möglichkeit bieten, um Kompetenzen aus dem Katalog in ein Anforderungsprofil zu übernehmen und Änderungen schnell und einfach zu implementieren. Eine übersichtliche Darstellung der übernommenen Kompetenzen sowie eine automatisierte Kompetenzanalyse können dabei die Effektivität und Effizienz des Kompetenzmanagements erhöhen.

> *"Want your users to fall in love with your designs? Fall in love with your users."*
>
> Dana Chisnell

11.3 Mitarbeiterprofile und -entwicklung

11.3.1 Mitarbeiterprofile erstellen und verwalten

Auch für die Verwaltung von Mitarbeiterprofilen (Kompetenzprofilen) müssen bestimmte Anforderungen erfüllt sein. Zunächst müssen die Mitarbeiterprofile möglichst vollständig und aktuell sein. Dazu sollten alle relevanten Informationen zu den Mitarbeiterys, wie zum Beispiel Kontaktdaten, Ausbildungs- und Berufserfahrung, Kenntnisse und Fähigkeiten sowie mögliche Zertifizierungen, erfasst werden.

Es ist auch wichtig, dass die Software in der Lage ist, individuelle Kompetenzentwicklungspläne für jeden Mitarbeitery zu erstellen, um ihre spezifischen Fähigkeiten und Wissenslücken zu identifizieren und entsprechende Schulungen oder Weiterbildungsmaßnahmen vorzuschlagen. Die Software sollte auch in der Lage sein, die Fortschritte jedes Mitarbeitery bei der Kompetenzentwicklung zu verfolgen, um sicherzustellen, dass die Kompetenzen auf dem neuesten Stand sind und den Anforderungen des Unternehmens entsprechen. Ich empfehle hierfür auch regelmäßige Mitarbeitergespräche und Feedbackprozesse zu nutzen.

Des Weiteren sollten die Mitarbeiterprofile eine klare Struktur aufweisen, um eine einfache Vergleichbarkeit und Filterung der Mitarbeiterdaten zu ermöglichen. Eine einfache Suche und Filterung der Mitarbeiterys nach bestimmten Kriterien, wie zum Beispiel bestimmte Kompetenzen oder Berufserfahrung, ist ebenfalls von Vorteil.

11.3.2 Kompetenzbewertungen durchführen und dokumentieren

Die Software sollte in der Lage sein, verschiedene Bewertungsmethoden zu unterstützen, um eine genaue und umfassende Bewertung der Kompetenzen der Mitarbeiterys zu ermöglichen. Sie sollte dir auch eine Möglichkeit bieten, die Ergebnisse der Bewertungen zu dokumentieren und zu speichern. Eine wichtige Funktion ist die Möglichkeit, Kompetenzbewertungen zu verwalten und zu organisieren, um eine schnelle und einfache Überprüfung und Analyse zu ermöglichen. Dies kann durch die Erstellung von Berichten oder Dashboards erreicht werden, die die Ergebnisse der Bewertungen auf eine leicht verständliche und zugängliche Weise präsentieren.

Die Software sollte auch in der Lage sein, Kompetenzlücken aufzuzeigen, um Mitarbeiterys dabei zu unterstützen, ihre Kompetenzen zu verbessern. Dies geschieht am besten, indem automatisch die Kompetenzanforderungen eines bestimmten Jobs oder einer bestimmten Position mit den vorhandenen Kompetenzen der Mitarbeiterys verglichen werden. Die Software kann dann die Kompetenzlücken aufzeigen und Mitarbeitery und Führungskraft Vorschläge machen, wie die Lücken geschlossen werden können.

11.3.3 Maßnahmen zur Kompetenzentwicklung planen und umsetzen

Um Maßnahmen zur Kompetenzentwicklung planen zu können, muss die Software in der Lage sein, die Kompetenzlücken der Mitarbeiterys zu identifizieren. Hierfür ist es erforderlich, dass die Software die Anforderungen der verschiedenen Aufgaben und Tätigkeiten in einem Unternehmen kennt und mit den Kompetenzprofilen der Mitarbeiterys abgleichen kann. Eine intelligente und flexible Auswertungsmöglichkeit ist dabei unerlässlich. Um die Umsetzung von Maßnahmen zur Kompetenzentwicklung zu unterstützen, sollte die Software in der Lage sein, individuelle Entwicklungspläne für jeden Mitarbeitery zu erstellen. Hierfür muss die Software nicht nur die Kompetenzlücken identifizieren, sondern auch die verschiedenen Entwicklungsmaßnahmen kennen und auswerten können. Die Entwicklungspläne sollten sowohl kurzfristige als auch langfristige Ziele enthalten, um eine kontinuierliche Weiterentwicklung zu gewährleisten. Die Software sollte dir eine einfache und effektive Möglichkeit bieten, Entwicklungspläne zu verwalten und den Fortschritt der Mitarbeiterys zu verfolgen. Dies sollte auch die Möglichkeit beinhalten, Feedback von Vorgesetzten und Kollegys zu sammeln und in die Entwicklungspläne zu integrieren.

Eine wichtige Rolle bei der Umsetzung von Maßnahmen zur Kompetenzentwicklung spielt auch die Dokumentation und Auswertung der Erfolge. Hierfür ist es erforderlich, dass die Software in der Lage ist, die verschiedenen Entwicklungsmaßnahmen zu protokollieren und die Fortschritte der Mitarbeiterys zu dokumentieren. Eine automatische Auswertung der Fortschritte sollte dabei möglich sein, um die Wirksamkeit der Maßnahmen zu überprüfen und die Entwicklungspläne bei Bedarf anzupassen.

11.4 Einsatzszenarien und Best Practices
11.4.1 Recruiting und Personalentwicklung

Kompetenzmanagementsoftware ermöglicht eine gezielte und effektive Personalentwicklung, die auf die individuellen Kompetenzen der Mitarbeiterys abgestimmt ist. Gleichzeitig unterstützt sie auch den Recruiting-Prozess, indem sie bei der Suche nach geeigneten Kandidaten hilft und eine schnelle und effiziente Auswahl ermöglicht. Folgend ein Beispiel.

Dein Bereich möchte eine offene Stelle besetzen und hat dafür ein Anforderungsprofil erstellt. Mit Hilfe der Software kannst du nun ein Bewerberprofil erstellen, das die notwendigen fachlichen, methodischen und sozialen Kompetenzen umfasst, die für die ausgeschriebene Stelle erforderlich sind. Um Bewerbungen zu sichten, nutzt du die Software, um die Bewerberprofile mit dem Anforderungsprofil abzugleichen. Dabei werden die relevanten Kompetenzen der Bewerberys ermittelt und mit den Anforderungen verglichen. So kannst du effizient geeignete Kandidatys identifizieren.

Nach der Einstellung setzt du die Software ein, um die Personalentwicklung gezielt zu fördern. Es werden Schulungen und Weiterbildungen angeboten, die auf die individuellen Kompetenzen abgestimmt sind. So kann sicherstellt werden, dass die Mitarbeiterys die notwendigen Fähigkeiten und Kompetenzen für ihre Aufgaben erwerben und sich weiterentwickeln kann.

Die Software unterstützt auch das regelmäßige Feedback und die Leistungsbeurteilung. Man kann gezielt auf Stärken und Schwächen eingehen und bei der Entwicklung der Kompetenzen unterstützen. So kann die Personalentwicklung effektiv gestaltet und die Mitarbeiterzufriedenheit erhöht werden.

11.4.2 Performance Management und Zielvereinbarungen

Durch das Nutzen der hinterlegten Daten kann dich Kompetenzmanagementsoftware auch beim Performance Management und der Erstellung von Zielvereinbarungen unterstützen. Folgend der Auszug aus einem Statement einer Führungskraft eines mittelständischen Unternehmens im Bereich der Unternehmensberatung.

Anfangs war ich skeptisch bezüglich des Einsatzes von Kompetenzmanagementsoftware. Der zeitliche Aufwand zu Beginn schien mir zu hoch, da die Kompetenzen jedes einzelnen Mitarbeiters erfasst und in die Software eingepflegt werden mussten. Dazu musste ich noch die Rollen in meinem Bereich definieren und festlegen welche Kompetenzen dafür erforderlich waren.

Jedoch hat sich der Einsatz der Software schnell als äußerst lohnend erwiesen. Durch die individuellen Ziele, die auf die Kompetenzen meiner Mitarbeiter abgestimmt sind und deren Nachverfolgung, ist die Leistungsbeurteilung objektiver und transparenter geworden. Die regelmäßigen Feedbacks mit meinen Mitarbeiterys ermöglichen es mir, ihre Stärken und Schwächen zu erkennen und gezielt an ihrer Entwicklung zu arbeiten. Dabei gibt mir die Software einen guten Rahmen vor. Die Gespräche sind strukturierter und kürzer als früher, da wir uns auf das Wesentliche konzentrieren.

Obwohl es einige Zeit in Anspruch nahm, hat sich der Aufwand am Ende als gerechtfertigt erwiesen. Die Zeitersparnis bei der Durchführung von Mitarbeitergesprächen und der Erstellung von individuellen Entwicklungsplänen ist enorm, da die Software die Erfassung und Verwaltung von Kompetenzen und Zielen stark vereinfacht. Ich würde sagen, dass der Einsatz der Software zu *einer höheren Mitarbeiterzufriedenheit und besseren Leistungen in meinem Bereich geführt hat.*

11.4.3 Kompetenzmanagement in der agilen Arbeitswelt

In der agilen Arbeitswelt spielt das Kompetenzmanagement eine wichtige Rolle bei der Zusammenarbeit in Teams und der Entwicklung von individuellen Fähigkeiten. Hierbei kann Software unterstützend eingesetzt werden, um die Verwaltung und Weiterentwicklung von Kompetenzen effizienter und transparenter zu gestalten.

Ein Beispiel hierfür ist die Verwendung von Software zur Erstellung einer Skills Matrix. Diese ermöglicht es, die Kompetenzen jedes Teammitglieds zu erfassen und übersichtlich darzustellen. Dadurch können Schwächen und Stärken der einzelnen Teammitglieder schnell identifiziert und gemeinsame Kompetenzlücken erkannt werden. Auf dieser Basis können dann gezielte Schulungen und Trainings organisiert werden, um das Team als Ganzes weiterzuentwickeln.

Durch regelmäßiges Feedback und Austausch innerhalb des Teams können individuelle Leistungen verbessert und das Team als Ganzes gestärkt werden. Feedback-Tools können dir hierbei helfen, Rückmeldungen strukturiert und übersichtlich zu erfassen und zu organisieren.

Auch Online-Lernplattformen und Schulungssoftware können einen wichtigen Beitrag leisten, um die Kompetenzen der Teammitglieder zu erweitern und individuelle Entwicklungsziele zu erreichen. Hierbei können die Lerninhalte individuell an die Bedürfnisse und Interessen jedes Teammitglieds angepasst werden. Durch den Einsatz von Gamification-Elementen und interaktiven Lernmethoden können Lernprozesse spannend und motivierend gestaltet werden.

Skills Matrix Template

Name	Beispliel Text 1	Beispliel Text 2	Beispliel Text 3	Beispliel Text 4	Beispliel Text 5
Mitarbeiter Name 1	3	0	1	1	3
Mitarbeiter Name 2	3	4	4	2	0
Mitarbeiter Name 3	0	3	0	1	0
Mitarbeiter Name 4	2	3	1	0	1
Mitarbeiter Name 5	4	4	3	1	3
Mitarbeiter Name 6	0	1	1	1	0
Mitarbeiter Name 7	2	2	0	3	4
Mitarbeiter Name 8	4	3	0	1	4

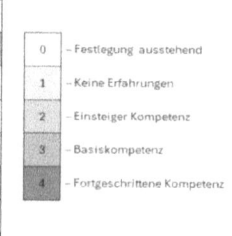

- 0 – Festlegung ausstehend
- 1 – Keine Erfahrungen
- 2 – Einsteiger Kompetenz
- 3 – Basiskompetenz
- 4 – Fortgeschrittene Kompetenz

11.5 Auswahl und Implementierung von Komp.managt.software

11.5.1 Auswahlprozess und Entscheidungskriterien

Die Auswahl einer geeigneten Kompetenzmanagementsoftware ist ein wichtiger Schritt für dein Unternehmen, wenn es seine Mitarbeiterentwicklung und -förderung verbessern möchte. Der Auswahlprozess einer solchen Software umfasst verschiedene Schritte, die im Folgenden erläutert werden.

Zunächst sollte dein Unternehmen eine Bestandsaufnahme seiner aktuellen Anforderungen durchführen, um zu verstehen, welche Funktionen und Eigenschaften in der Kompetenzmanagementsoftware benötigt werden. Dies kann durch die Durchführung von Interviews mit den beteiligten Stakeholdern, wie Führungskräfte, HR-Abteilung, Mitarbeiterys und anderen relevanten Personen, erfolgen.

Anschließend solltet ihr verschiedene Anbieter von Kompetenzmanagementsoftware identifizieren und evaluieren. Hierbei kann eine Marktrecherche oder Empfehlungen von anderen Unternehmen oder Fachleuten hilfreich sein. Wichtig ist dabei auch, dass dein Unternehmen eine Vorstellung von den Budgets hat, die für den Erwerb und die Implementierung der Software zur Verfügung stehen.

Nach der Auswahl von potenziellen Anbietern, sollten die verschiedenen Funktionen und Eigenschaften der Software verglichen werden, um zu sehen, welche am besten zu den Bedürfnissen des Unternehmens passen. Es können beispielsweise Kriterien wie die Benutzerfreundlichkeit, Flexibilität, Skalierbarkeit, Integrationen mit anderen Systemen, Reporting und Analysefunktionen sowie Datenschutz- und Sicherheitsaspekte berücksichtigt werden.

Ein weiterer wichtiger Faktor bei der Auswahl ist die Verfügbarkeit von Support und Schulungen. Dein Unternehmen sollte sicherstellen, dass es ausreichend Unterstützung bei der Implementierung, Nutzung und Wartung der Software erhält. Eine ausführliche Dokumentation, Schulungsmaterialien, und ein Kundensupport über verschiedene Kanäle, wie Telefon, E-Mail und Live-Chat sind beispielsweise hilfreiche Eigenschaften.

Die Entscheidung für eine Kompetenzmanagementsoftware sollte nicht nur auf der Basis von Funktionen und Eigenschaften getroffen werden, sondern auch auf der Grundlage des Anbieters selbst. Dein Unternehmen sollte prüfen, ob der Anbieter eine gute Erfolgsbilanz hat, eine klare Vision für die Zukunft hat und in der Lage ist, auf eure Bedürfnisse einzugehen. Eine Demoversion der Software sowie Referenzen von anderen Kunden können auch hilfreich sein, um einen Eindruck von der Qualität der Software und des Anbieters zu gewinnen.

11.5.2 Implementierung und Rollout der Software

Vor der Implementierung und dem Rollout der Software solltet ihr eine sorgfältige Analyse der Anforderungen durchführen, um sicherzustellen, dass die ausgewählte Software euren Bedürfnissen entspricht. Hierbei sollten auch die bestehenden Prozesse und Abläufe im Unternehmen berücksichtigt werden, um sicherzustellen, dass die Software optimal integriert werden kann.

Bevor die Software implementiert wird, sollten alle betroffenen Mitarbeiterys sorgfältig geschult werden, um sicherzustellen, dass sie die Software effektiv nutzen können. Hierbei sollten Schulungen für alle Mitarbeiterys angeboten werden, die die Software nutzen werden, sowie Schulungen für die Führungskräfte, die die Software in ihrer Rolle als effektiv einsetzen sollen.

Nach der Schulung der Mitarbeiterys sollte die Software in einer Testphase von einem Pilotteam getestet werden, um sicherzustellen, dass sie einwandfrei funktioniert und den Anforderungen entspricht. Hierbei sollten auch Feedback und Verbesserungsvorschläge der Pilotnutzer berücksichtigt werden, um die Software kontinuierlich zu optimieren.

Nach Abschluss der Testphase kann die Software in das gesamte Unternehmen ausgerollt werden. Hierbei sollte ein schrittweises Vorgehen gewählt werden, um sicherzustellen, dass alle Mitarbeiterys die Software effektiv nutzen können. Eine enge Zusammenarbeit zwischen IT-Abteilung, HR und den Führungskraftys ist hierbei entscheidend, um sicherzustellen, dass die Software reibungslos integriert wird.

Nach dem Rollout solltet ihr die Nutzung der Software kontinuierlich überwachen, um sicherzustellen, dass sie effektiv genutzt wird und den Anforderungen deines Unternehmens entspricht. Auch hier sollten Feedback und Verbesserungsvorschläge der Nutzer berücksichtigt werden, um die Software kontinuierlich zu optimieren.

12. Herausforderungen bei der Einführung von Kompetenzmanagement

12.1 Widerstände gegenüber Veränderungen

Es gibt viele Gründe, warum Widerstände gegenüber Veränderungen und damit auch gegenüber der Einführung von Kompetenzmanagement entstehen können. Es ist wichtig, sich dieser möglichen Gründe bewusst zu sein, denn so kannst du geeignete Maßnahmen ergreifen, um Widerstände zu reduzieren und die Akzeptanz der Mitarbeiterys und Führungskräfte für das Kompetenzmanagement zu erhöhen.

12.1.1 Gewohnheit und Komfortzone

Ein Grund für Widerstände gegenüber Veränderungen im Kompetenzmanagement kann die Gewohnheit und die Komfortzone sein. Menschen neigen dazu, in ihren gewohnten Routinen und Arbeitsweisen zu verharren und sich ungern aus ihrer Komfortzone herauszubewegen. Die Einführung von neuen Prozessen, Methoden oder Instrumenten erfordert jedoch oft eine Veränderung der bisherigen Arbeitsweisen und eine Anpassung an neue Anforderungen. Mitarbeiterys und Führungskräfte können sich dadurch überfordert fühlen und sich gegen die Veränderung wehren. Sie haben möglicherweise Angst, dass sie nicht in der Lage sind, die neuen Anforderungen zu erfüllen oder dass ihre Arbeit dadurch schwieriger wird. Außerdem kann es auch vorkommen, dass Mitarbeiterys oder Führungskräfte sich in ihrer aktuellen Position wohl fühlen und keine Lust auf Veränderungen haben, die möglicherweise mit einem höheren Arbeitsaufwand verbunden sind.

Eine offene Kommunikation schafft ein Verständnis dafür, warum Veränderungen notwendig sind. Es ist wichtig, die Kollegen frühzeitig in den Veränderungsprozess einzubeziehen und sie über die Gründe und Vorteile des Kompetenzmanagements zu informieren. Die Einführung kann auch schrittweise erfolgen, um Mitarbeiterys und Führungskräften Zeit zu geben, sich an die Veränderungen zu gewöhnen. Anreize können auch motivieren, sich auf die Veränderungen einzulassen und ihre Kompetenzen weiterzuentwickeln. Diese Anreize können beispielsweise in Form von Belohnungen oder Vergünstigungen erfolgen. Natürlich kann eine Veränderung auch als Chance betrachtet werden. Vielleicht kann sie dazu beitragen, die eigenen Karriereaussichten zu verbessern.

12.1.2 Angst vor Veränderung

Veränderungen können das Gefühl von Unsicherheit und Angst hervorrufen, da sie das gewohnte Arbeitsumfeld und die etablierten Arbeitsprozesse verändern können. Wenn Widerstände auf die Angst vor Veränderungen zurückzuführen sind, ist es wichtig, den Betroffenen klar zu kommunizieren, dass das Kompetenzmanagement keine Bedrohung für ihre Arbeitsplätze darstellt, sondern im Gegenteil dazu beiträgt, ihre Fähigkeiten und Qualifikationen zu verbessern und sie dadurch langfristig im Unternehmen zu halten. Es kann auch hilfreich sein, konkrete Beispiele zu nennen, wie das Kompetenzmanagement bereits in anderen Abteilungen oder Unternehmen erfolgreich umgesetzt wurde und zu einer positiven Veränderung beigetragen hat.

Zusätzlich können Mitarbeiterys gezielt in den Veränderungsprozess einbezogen werden, indem sie beispielsweise bei der Planung und Umsetzung von Schulungen und Weiterbildungen mitwirken. Dies erhöht nicht nur das Engagement und die Motivation der Mitarbeiterys, sondern auch ihre Akzeptanz und ihr Vertrauen in das Kompetenzmanagement. Ein weiterer Ansatz besteht darin, Mitarbeiterys die Möglichkeit zu geben, ihre Bedenken und Ängste bezüglich des Kompetenzmanagements zu äußern und gemeinsam Lösungen zu finden, um diese zu minimieren. Dies kann beispielsweise durch Feedback-Sitzungen, regelmäßige Mitarbeitergespräche oder eine offene Kommunikationskultur erreicht werden.

Letztendlich ist es wichtig, Veränderungen nicht als Zwang, sondern als Chance und Möglichkeit zu kommunizieren, um die Mitarbeiterys auf diese Weise zu motivieren und zu unterstützen, Veränderungen anzunehmen und sich aktiv daran zu beteiligen.

12.1.3 Mangelnde Kommunikation

Ein sicheres Anzeichen für Widerstand basierend auf mangelnde Kommunikation sind offensichtliche Missverständnisse und das Aufkommen von Gerüchten. Wenn Mitarbeiterys nicht ausreichend informiert werden, warum ein neues System eingeführt wird, können sie sich verunsichert und abgekoppelt fühlen. Das kann dazu führen, dass sie sich nicht in der Lage sehen, das neue System zu verstehen oder zu nutzen, was den Erfolg der Initiative beeinträchtigen kann. Ein weiterer Aspekt der mangelnden Kommunikation betrifft die fehlende Einbindung der Mitarbeiterys in den Veränderungsprozess selbst. Wenn Mitarbeiterys das Gefühl haben, dass Entscheidungen über ihre Kompetenzen und Karrierewege ohne sie getroffen werden, kann das zu Widerstand führen.

Um diesen Widerstand zu überwinden, ist eine transparente und umfassende Kommunikation notwendig. Es sollte erklärt werden, wie das neue System funktioniert und welche Vorteile es für die Mitarbeiterys und das Unternehmen bietet. Mitarbeiterys sollten auch darüber informiert werden, wie sie aktiv am Prozess beteiligt werden können und welche Rolle sie in der Umsetzung spielen werden. Ein offener Dialog und regelmäßige Rückmeldungen sind ebenfalls wichtig, um Bedenken und Probleme der Mitarbeiterys zu adressieren und gegebenenfalls Änderungen am System vorzunehmen.

12.1.4 Mangelnde Beteiligung

Mitarbeiterys können sich durch die Einführung von Veränderungen übergangen fühlen, wenn sie nicht in den Prozess einbezogen werden. Kommt das Gefühl auf, dass eigene Meinungen und Bedürfnisse bei der Entscheidungsfindung nicht berücksichtigt werden, führt das zu Ablehnung. Auch die Art und Weise der Beteiligung kann einen großen Einfluss auf die Motivation der Mitarbeiterys haben. Wenn sie das Gefühl haben, dass ihre Beteiligung und Meinung nur oberflächlich wahrgenommen wird oder keine tatsächliche Veränderung bewirkt, kann das zu Frustration und Resignation führen.

Ein partizipativer Ansatz, bei dem die Mitarbeiterys aktiv in die Entscheidungsfindung und Umsetzung einbezogen werden, kann dazu beitragen, dass sie sich stärker engagieren und Verantwortung übernehmen. Indem sie ihre Meinungen und Bedürfnisse berücksichtigen und sie in den Prozess einbeziehen, fühlen sich die Mitarbeiterys besser informiert und unterstützen das Kompetenzmanagement eher. Wichtig dabei ist vor allem, dass sich die Mitarbeiterys ernsthaft gehört und geschätzt fühlen.

12.1.5 Negative Konsequenzen

Widerstände gegen Veränderungen können sich auch durch Ängste vor negativen Konsequenzen bilden. Diese Ängste nehmen dann verschiedene Formen an, wie zum Beispiel die Sorge um den Verlust von Arbeitsplätzen oder den Verlust von Status und Einfluss innerhalb der Organisation. Mitarbeiterys befürchten oft, dass durch die Einführung von Kompetenzmanagement ihre bisherigen Fähigkeiten und Kenntnisse möglicherweise nicht mehr ausreichen, um ihre Aufgaben erfolgreich auszuführen. Auch die Angst vor einer Veränderung der Arbeitsbelastung oder der Verantwortung kann dazu führen, dass sich Widerstände gegen die Einführung von Kompetenzmanagement zeigen. Zusätzlich können auch Ängste vor Veränderungen im Unternehmen eine Rolle spielen, wie zum Beispiel die Sorge um die Sicherheit des Arbeitsplatzes oder die Angst vor einem schlechteren Betriebsklima.

Auch hier ist eine transparente und offene Kommunikation wichtig. Es ist entscheidend, die Ängste der Mitarbeiterys ernst zu nehmen und ihnen zuzuhören. Es kann auch hilfreich sein, positive Beispiele und Erfolge aus anderen Unternehmen oder Bereichen des eigenen Unternehmens zu präsentieren, um die Vorteile zu verdeutlichen. Durch die Betonung von Chancen und Möglichkeiten können Mitarbeiterys motiviert werden, die Veränderungen anzunehmen.

12.1.6 Fehlende Ressourcen

Vor allem Führungskräfte können Bedenken haben, dass die Einführung von Kompetenzmanagement zusätzliche Arbeit bedeutet, die sie nicht bewältigen können, oder dass ihre aktuellen Aufgaben beeinträchtigt werden. Dies kann auch durch die Wahrnehmung verstärkt werden, dass der Arbeitsdruck und die Produktivität bereits hoch sind und dass die Einführung von Kompetenzmanagement noch mehr Druck auf die Arbeitsbelastung ausübt. Werden den Mitarbeiterys nicht genügend Ressourcen und Zeit zur Verfügung gestellt, um sich mit dem neuen System vertraut zu machen oder Schulungen zu absolvieren fördert das zusätzlich den Widerstand. Mitarbeiterys können auch Bedenken haben, dass die Einführung von Kompetenzmanagement ihnen zusätzliche Aufgaben und Verantwortlichkeiten auferlegt, ohne dass sie entsprechend entlohnt werden oder angemessen anerkannt werden.

Um diesen Widerstand zu minimieren, ist es wichtig, dass das Management klare Erwartungen und Ziele für die Einführung von Kompetenzmanagement mitteilt und sicherstellt, dass die notwendigen Ressourcen und Zeit bereitgestellt werden, um die Einführung erfolgreich durchzuführen. Darüber hinaus sollten Schulungen und Workshops angeboten werden, um sicherzustellen, dass die Mitarbeiterys die notwendigen Fähigkeiten und Kenntnisse haben, um mit dem neuen System umzugehen.

12.1.7 Die Führungsebene

Wenn die Führungskräfte nicht aktiv hinter dem Kompetenzmanagement stehen oder die Bedeutung für die Mitarbeiterys nicht deutlich kommunizieren, kann dies zu einer mangelnden Beteiligung führen. Eine klare Kommunikation und Motivation seitens der Führungskräfte tragen dazu bei, dass Mitarbeiterys sich engagieren und Veränderungen aktiv mitgestalten wollen. Führungskräfte sollten als Vorbild fungieren, indem sie ihre eigene Bereitschaft zur Veränderung demonstrieren und die Vorteile des Kompetenzmanagements aktiv unterstützen.

12.2 Schwierigkeiten bei der Umsetzung in der Praxis

Schwierigkeiten bei der Umsetzung kann es viele geben. In Art und Vielfallt sind diese quasi unbegrenzt, so dass eine ausführliche Aufzählung gar nicht möglich ist. Vielleicht wäre ein eigenes Buch zu diesem Thema angebracht. Mal sehen ob ich Zeit und Muße finde mich auch diesem Thema zu widmen. Nichts des do Trotz möchte ich dir an dieser Stelle ein paar „Highlights" präsentieren.

Die damalige Entscheidung, eine Kompetenzmanagementsoftware einzuführen, war darauf zurückzuführen, dass aufgrund von Abbaumaßnahmen an einem unserer Standorte Kollegen aus Beriechen das Unternehmen verlassen habe, die gar nicht von dem eigentlichen Abbau betroffen waren. So blieben Kollegen in Beriechen, die es in absehbarer Zukunft nicht mehr gab während an anderer Stelle der Personalschwund die Lieferfähigkeit gefährdete.

Die verbliebenden Kollegen konnten, aufgrund fehlender Qualifikationen, nicht einfach auf die frei gewordenen Posten gesetzt werden. Es wurde schnell klar wie wichtig es ist, die Fähigkeiten und Kompetenzen unserer Mitarbeiterys systematisch zu erfassen und zu verwalten, um gezielt Schulungen und Weiterbildungen anzustoßen.

12.2.1 Beispiel 1 – Fehlende Rechner in der Fertigung

Bei der Einführung unserer Kompetenzmanagementsoftware standen wir vor der Herausforderung, dass einige Fertigungsbereiche an unserem Standort nur begrenzten Zugang zu Computern hatten. Dies stellte sich insofern als ein Hindernis für die Einführung unserer Lösung heraus, da der Betriebsrat aufgrund der Ungleichberechtigung von Werken und Büroangestellten sich derart quer stellte, dass die Einführung schon daran zu scheitern drohte. Getreu dem Motto „Bevor 1/3 diese Möglichkeit nicht uneingeschränkt hat, sollen lieber 100% darauf verzichten".

Wir erarbeiteten ein Konzept, in dem unsere Trainingsräumen genutzt werden konnten, in denen Computer in hinreichender Zahl zur Verfügung stehen. Diese Idee wurde als unzureichend angesehen, da die Werker einen zu großen Weg von ihrem Arbeitsplatz zu diesen Trainingsräumen hätten.

Um die Rechner jetzt näher an den Werker zu bringen, versuchten wir Altgeräte aus den Bürobereichen als Bereichsrechner zur Verfügung zu stellen, die man bei Bedarf ausleihen konnte. Hier wurde zu bedenken gegeben, dass es an der notwendigen Privatsphäre in den Räumlichkeiten in der Fertigung fehlte.

Obwohl zum Zeitpunkt des Schreibens dieses Buches noch keine Abschließende Lösung gefunden wurde, konnte eine Annäherung zum Betriebsrat erzielt werden, der zumindest die Zusammenarbeit diesbezüglich nicht weiter verweigert.

12.2.2 Beispiel 2 – Missverständnisse bei der Doppelbelegung der untersten Ausprägungsstufe

Um Kompetenzen systemseitig anzuzeigen, bedarf es der Festlegung einer Ausprägungsstufe. Wir hatten uns für ein fünfstufiges Stufiges System entschieden, wobei die 1 festgelegt war als „Keine Erfahrungen / Keine Kompetenz", die 5 als „Expertenwissen" und die Zahlen dazwischen entsprechend in der Wertigkeit liegen. Unsere Softwarelösung ordnet den Mitarbeiterys automatisch die Kompetenzen zu, die in dem Anforderungsprofil hinterlegt sind, welche ihnen zugeordnet werden. Das soll für die Führungskräfte den Aufwand reduzieren. Da eine Ausprägungsstufe festgelegt werden muss, wurde hier systemseitig erst einmal die 1 angegeben.

Trotz der in Beispiel 1 beschriebenen unzureichenden Möglichkeiten einen Rechner zu nutzen, gelang es einigen unserer Führungskräfte in der Fertigung Anforderungsprofile anzulegen und diese ihren Mitarbeiterys zuzuordnen. Da unser System bei Anpassungen eines Profils automatisch eine Mail an den betroffenen Kollegen sendet wurden hier alle Mitarbeiterys der Führungskraft diesbezüglich informiert.

Ein Mitarbeitery besagter Führungskraft war derart interessiert, dass er umgehend nachgesehen hat, welche Informationen über ihn im System hinterlegt waren. Als er dann sah, dass seine Kompetenzen mit einer 1 belegt waren, wurde er derart ungehalten, dass es zu

einer lautstarken Auseinandersetzung zwischen ihm und der Führungskraft in der Fertigungshalle kam. Eine Eskalation bis hin zum Betriebsrat macht dieses Beispiel so markant, weswegen ich es dir nicht vorenthalten wollte.

Was ist hier jetzt aber schiefgelaufen? Zuerst einmal hätte die Führungskraft seine Mitarbeiterys darüber informieren sollen, dass er im System Anpassungen vornimmt und welche Auswirkungen diese haben werden. Aber auch das Mitarbeitery hätte besonnener mit der Situation umgehen können. Eine kurze Nachfrage, was die 1 bei seinen Kompetenzen zu bedeuten hat, hätte seiner Führungskraft die Möglichkeit gegeben, zu erklären, dass er die Einzelbewertung der Kompetenzen zeitlich noch nicht geschafft hat.

Seitens des Systems lag der Fehler in der Doppelbelegung der untersten Ausprägungsstufe. Wir haben umgehend eine Lösung herbeigeführt, indem wir eine 0 als Ausprägungsstufe einprogrammierten und in den Beschreibungstexten aufführten, dass eine 0 bedeutet, dass für diese Kompetenz noch keine Ausprägungsstufe festgelegt wurde.

Dieses Beispiel zeigt auf, wie wichtig eine gute Kommunikation nicht nur bei der Einführung von Kompetenzmanagementsoftware ist.

12.2.3 Beispiel 3 – Fehlende Unterscheidung zwischen Programm- und Prozessschwächen

Folgendes Beispiel stellte uns vor eine unerwartete wie frustrierende Herausforderung. Obwohl die Software keine Fehler aufwies und ihren Mehrwert an verschiedenen Stellen aufzeigen konnten, stieß unser Vorhaben auf Widerstand seitens des Betriebsrats, der sich gegen eine unternehmensweite Einführung vorerst aussprach.

Die Hauptursache für die Ablehnung des Betriebsrats lag in der fehlenden Unterscheidung zwischen Programmschwächen und Prozessschwächen. Unser Unternehmen hatte bereits einige Erfahrungen mit Softwareeinführungen gemacht, die in der Vergangenheit nicht immer erfolgreich waren. Der Betriebsrat vermutete daher, dass mögliche Fehler oder Schwierigkeiten dabei auf eine mangelhafte Softwareentwicklung zurückzuführen sein könnten.

Trotz unserer Bemühungen, die Software und ihre Funktionen detailliert zu erklären und ihre Fehlerfreiheit zu demonstrieren, blieben die Bedenken des Betriebsrats bestehen. In der Diskussion mit den Betriebsratsmitgliedern wurde deutlich, dass sie Schwierigkeiten hatten, die Prozessschwächen von möglichen Programmschwächen zu unterscheiden. Ihre Bedenken und Ängste schienen sich auf die Möglichkeit zu konzentrieren, dass Führungskräfte beim Anlegen von Jobprofilen zu viel Freiraum hätten, was dann zu Nachteilen für die Mitarbeiterys führen könnte.

Der eigentliche Prozessfehler lag jedoch nicht in der Software, sondern in unserem Vorgehen beim Anlegen der Jobprofile selbst. Einige Führungskräfte aus dem Versuchsbereichen hatten sehr viele Kompetenzen in den Jobprofilen hinterlegt und einige davon schienen dem Betriebsrat besonders für den Fertigungsbereich ungeeignet zu sein. Ein Beispiel dafür war die Kompetenz "Emotionale Intelligenz", die für die Produktion aus Sicht des Betriebsrats wenig relevant schien.

Obwohl wir die Bedenken des Betriebsrats ernstnahmen und das umfangreiche Testen aufzeigte, dass die Software frei von Fehlern war, blieben sie bei ihrer Entscheidung, die unternehmensweite Einführung der Software zu verweigern. Sie bestanden darauf, dass die Anzahl der Kompetenzen in einem Jobprofil zu begrenzen ist und die Jobprofile für den Fertigungsbereich überarbeitet werden müssten, bevor sie einer umfassenden Einführung zustimmen würden.

Diese Erfahrung lehrte uns die Bedeutung einer klaren Kommunikation und Transparenz in allen Phasen eines Softwareeinführungsprojekts. Wir erkannten, wie wichtig es ist, alle beteiligten Parteien frühzeitig einzubinden und sicherzustellen, dass sie das volle Verständnis für den gesamten Prozess haben. Unser Ziel ist es nun, die Anliegen des Betriebsrats zu berücksichtigen. Wir haben unser Schulungskonzept überarbeitet und machen nun bei der eigentlichen Produktschulung für die Software auch eine gezielte Schulung zu den Themen Kompetenzmanagement und dem Ausarbeiten der Inhalte von Jobprofilen, um die Unterstützung für die Einführung der Software zu gewinnen.

Der Forderung der begrenzten Anzahl von Kompetenzen sind wir insofern nachgekommen, dass wir dem Ersteller eines Jobprofils beim Erreichen einer bestimmten Anzahl eine Systemnachricht anzeigen lassen, die ihn auffordert zu hinterfragen, ob weitere Kompetenzen notwendig sind.

12.3 Tipps für eine erfolgreiche Implementierung

12.3.1 Tipp 1 – Die richtigen Personen involvieren

Bevor du mit der Implementierung beginnst, solltest du ein klares Konzept und eine eindeutige Zielsetzung erarbeiten. So kannst du sicherstellen, dass alle Beteiligten die gleiche Vorstellung haben und in die gleiche Richtung arbeiten. Je nach Größe deines Unternehmens oder des Bereichs, indem du mit der Implementierung beginnen möchtest, müssen verschiedene Personenkreise involviert werden. Dazu gehören:

- Die Geschäftsleitung und Führungskräfte, da sie die Ressourcen bereitstellen müssen, um das Projekt umzusetzen und sicherzustellen, dass es in eure Unternehmensstrategie integriert ist.
- Mitarbeiterys, da sie verstehen müssen, wie es ihre Arbeit unterstützt und welche Auswirkungen es auf sie hat.

- Die Personalabteilung, da sie in der Regel für die Verwaltung von Personalakten und die Durchführung von Schulungen zuständig ist. Sie muss sicherstellen, dass die Daten korrekt erfasst werden und dass Schulungen geplant und durchgeführt werden können.
- Die IT-Abteilung, da sie in der Regel für die Entwicklung und Implementierung von IT-Systemen verantwortlich ist. Sie muss sicherstellen, dass die Software ordnungsgemäß eingerichtet und gewartet wird. Es muss auch sichergestellt werden, dass du und deine Kollegys jederzeit Zugriff auf die Software haben.
- Der Betriebsrat oder die Arbeitnehmervertretung sollte informiert werden, wenn die Implementierung Auswirkungen auf Arbeitsbedingungen oder Arbeitnehmerrechte hat. Es ist wichtig, ihre Meinung zu berücksichtigen und eine offene Kommunikation aufrechtzuerhalten.
- Wenn externe Dienstleister in den Implementierungsprozess einbezogen werden, müssen sie über die Ziele und Anforderungen des Projekts informiert werden. Eine enge Zusammenarbeit und Kommunikation sind entscheidend, um sicherzustellen, dass das Projekt erfolgreich umgesetzt wird.

12.3.2 Tipp 2 – Kompetenzprofile hinterlegen bevor der Start kommuniziert wird

Wenn ein Mitarbeitery sich in einem entsprechenden Programm anmeldet und keine Daten hinterlegt wurden, kann dies mehrere negative Auswirkungen haben. Zunächst einmal kommen möglicherweise Gefühle von fehlender Wertschätzung oder fehlender Wahrnehmung auf, da die eigenen Fähigkeiten und Qualifikationen offensichtlich nicht berücksichtigt wurden. Das kann zu Frustration und Unzufriedenheit führen. Darüber hinaus kann es auch dazu führen, dass sich die Mitarbeiterys nicht vollständig in die Organisation integriert fühlen, da sie das Gefühl haben, dass ihre Beiträge und Fähigkeiten nicht vollständig genutzt werden. Dies kann wiederum zu einem geringeren Engagement und einer geringeren Motivation führen, was sich auf die Produktivität und Effektivität auswirken kann. Es gibt auch Mitarbeiterys, die schlicht irritiert sind, wenn sie das erste Mal mit einer Kompetenzmanagement-Software starten und keine Daten für sie hinterlegt wurden. Es fehlt der persönliche Bezug und so kommt schnell Unmut über die vertane Zeit auf. Ist die erste Assoziation mit der Software bereits schlecht, ist es schwierig im weiteren Verlauf die positiven Aspekte in den Vordergrund zu stellen.

12.3.3 Tipp 3 – Kommunikation ist alles

Kommunikation und Transparenz sind bei der Implementierung von Kompetenzmanagement-Systemen entscheidend, um sicherzustellen, dass alle Beteiligten die Ziele, den Nutzen und die Auswirkungen der Einführung verstehen. Eine klare und offene Kommunikation trägt dazu bei, Widerstände zu verringern, indem sie Ängste und Bedenken der betroffenen Mitarbeiterys ernst nimmt und sie in den Veränderungsprozess einbezieht. Wenn Mitarbeiterys nicht ausreichend über die Veränderungen informiert sind, können sie sich ausgeschlossen oder überfordert fühlen und sich gegen die Einführung des neuen Systems sperren.

Transparenz bedeutet auch, dass die betroffenen Mitarbeiterys in den Entscheidungsprozess einbezogen werden und die Möglichkeit haben, ihre Bedenken und Anliegen zu äußern. Es ist wichtig, ihre Perspektiven und Bedürfnisse zu berücksichtigen, um eine erfolgreiche Implementierung zu gewährleisten.

Eine klare und offene Kommunikation sowie Transparenz können dazu beitragen, Vertrauen und Akzeptanz bei den betroffenen Mitarbeiterys zu schaffen und somit die Wahrscheinlichkeit einer erfolgreichen Implementierung des Kompetenzmanagementsystems erhöhen.

13. Personalgespräche führen

Nicht nur im Kompetenzmanagement sind Personalgespräche ein wichtiger Bestandteil der Mitarbeiterführung und -entwicklung. Durch regelmäßige und strukturierte Kommunikation zwischen Vorgesetzten und Mitarbeiterys können Missverständnisse vermieden und Arbeitsbeziehungen gestärkt werden. Personalgespräche bieten die Möglichkeit, die Motivation und Bindung der Mitarbeiterys zu erhöhen, ihre Kompetenzen zu entwickeln und ihre Ideen, Bedürfnisse und Anliegen zu äußern. Durch eine offene und vertrauensvolle Kommunikation können auch mögliche Konflikte frühzeitig erkannt und gelöst werden.

Gerade bei der Einführung eines Kompetenzmanagementsystems ist das Gespräch mit den Mitarbeiterys für jede Führungskraft ein absolutes Muss. Die Mitarbeiterys sollten über die gängigen Kanäle im Unternehmen informiert werden. Dennoch ist das persönliche Gespräch gerade in der Implementierungsphase eine nicht zu vernachlässigende Möglichkeit, um Ängsten und Vorbehalten entgegenzuwirken.

13.1 Besondere Formen von Personalgesprächen
13.1.1 Zielvereinbarungsgespräche

Zielvereinbarungsgespräche dienen dazu gemeinsam mit den Mitarbeiterys klare Ziele und Maßnahmen zu definieren, die zur Verbesserung der Leistung und zur Erreichung von Unternehmenszielen beitragen. Es werden die Erwartungen und Ziele des Unternehmens und des Mitarbeitery besprochen und aufeinander abgestimmt.

Während des Gesprächs werden zunächst die bereits erreichten Ziele und die Leistungen der Mitarbeiterys besprochen. Anschließend wird gemeinsam überlegt, welche Ziele in Zukunft erreicht werden sollen und welche Maßnahmen dafür erforderlich sind. Dabei sollten die Ziele so formuliert werden, dass sie konkret, messbar und erreichbar sind.

Es ist wichtig, dass Mitarbeiterys aktiv in den Prozess der Zielvereinbarung einbezogen werden und ihre Ideen und Vorschläge einbringen können. Mitarbeiterys sollten wissen, wie Leistungen gemessen und bewertet werden, um zu verstehen, was von ihnen erwartet wird.

Nachdem die Ziele und Maßnahmen vereinbart wurden, sollten diese schriftlich festgehalten und regelmäßig überprüft werden. Die Überprüfung sollte nicht nur am Ende des Jahres stattfinden, sondern regelmäßig im Verlauf des Jahres, um sicherzustellen, dass die Mitarbeiterys auf dem richtigen Weg sind und gegebenenfalls Unterstützung erhalten oder die Ziele angepasst werden.

13.1.2 Beurteilungsgespräche

In einem Beurteilungsgespräch werden die Leistungen der Mitarbeiterys des vergangenen Jahres bewertet und es wird gemeinsam überlegt, welche Schritte erforderlich sind, um die Leistung in Zukunft zu verbessern beziehungsweise zu stabilisieren, wenn die Leistungen bereits auf einem hohen Niveau sind. Während des Gesprächs werden zunächst die Leistungen besprochen, insbesondere in Bezug auf die im Vorfeld vereinbarten Ziele und Maßnahmen. Es ist wichtig, dass die Leistungen objektiv und fair bewertet werden und dass die Bewertung auf konkreten Beispielen und Fakten basiert.

Anschließend wird gemeinsam überlegt, welche Schritte erforderlich sind, um die Leistung in Zukunft zu verbessern. Dabei sollten auch die persönlichen und beruflichen Entwicklungsmöglichkeiten der Mitarbeiterys berücksichtigt werden. Es ist wichtig, dass Mitarbeiterys aktiv in den Prozess der Leistungsbewertung und Leistungsentwicklung einbezogen werden, damit sie sich wertgeschätzt und unterstützt fühlen.

Es ist auch wichtig, dass das Bewertungsgespräch eine Gelegenheit bietet, um Feedback zu geben und zu erhalten. Sowohl Mitarbeitery als auch Führungskraft sollten die Gelegenheit haben, ihre Ansichten und Bedenken auszudrücken und konstruktives Feedback zu geben.

Durch ein offenes und konstruktives Feedback kann das Vertrauen zwischen Führungskraft und Mitarbeitery gestärkt werden.

Nach dem Bewertungsgespräch sollten die vereinbarten Maßnahmen schriftlich festgehalten und regelmäßig überprüft werden. Eine regelmäßige Überprüfung kann dazu beitragen, dass die Mitarbeiterys auf dem richtigen Weg bleiben und gegebenenfalls rechtzeitig Unterstützung erhalten.

13.1.3 Feedbackgespräche

Während Bewertungsgespräche in der Regel jährlich stattfinden und dazu dienen, die Leistungen eines Mitarbeitery im vergangenen Jahr zu bewerten, sind Feedbackgespräche wesentlich flexibler und können zu jeder Zeit stattfinden, je nach Bedarf und Situation.

Feedbackgespräche sind ein wichtiger Bestandteil der Mitarbeiterentwicklung und dienen dazu, sowohl positives als auch konstruktives Feedback zu geben und zu empfangen. In einem Feedbackgespräch haben Mitarbeiterys die Möglichkeit, ihre Leistungen und ihr Verhalten zu reflektieren, der Fokus liegt dabei auf der Weiterentwicklung und der Verbesserung von Fähigkeiten. Das Feedback wird in der Regel auf konkreten Beispielen und aktuellen Situationen basieren gegeben, um Mitarbeiterys gezielt unterstützen und fördern zu können.

Bewertungsgespräche hingegen haben in erster Linie die Bewertung der Leistung eines Mitarbeitery zum Ziel. Dabei werden häufig vordefinierte Kriterien und Standards verwendet, um die Leistung des Mitarbeitery zu bewerten. Das Ergebnis des Gesprächs ist in der Regel eine Bewertung des Mitarbeitery in Form einer Note oder eines Rangs. Bewertungsgespräche werden oft als Teil des Performance Management-Systems eines Unternehmens durchgeführt. Im Gegensatz dazu sind Feedbackgespräche weniger formal und lassen mehr Raum für eine offene Diskussion zwischen Führungskraft und Mitarbeitery. Feedbackgespräche können auch dazu dienen, ein offenes Arbeitsklima zu schaffen und das Vertrauen zwischen Führungskraft und Mitarbeitery zu stärken.

13.1.4 Konfliktgespräche

Konfliktgespräche dienen dazu Konflikte zwischen Mitarbeiterys und Vorgesetzten zu lösen. Konflikte können in jedem Arbeitsumfeld auftreten und können sich auf die Leistung und das Arbeitsklima negativ auswirken, wenn sie nicht rechtzeitig und angemessen behandelt werden. Das Ziel von Konfliktgesprächen ist es, den Konflikt offen und konstruktiv zu besprechen und gemeinsam nach Lösungen zu suchen. Das Gespräch sollte in einer ruhigen und respektvollen Atmosphäre stattfinden, damit sich beide Parteien gehört und verstanden fühlen. Es ist wichtig, die Perspektiven beider Seiten zu verstehen und gemeinsam nach einer Lösung zu suchen, die für alle Beteiligten akzeptabel ist.

In einem Konfliktgespräch sollten die Ursachen des Konflikts identifiziert und besprochen werden. Dies kann dazu beitragen, Missverständnisse auszuräumen und den Konflikt aufzulösen. Es ist auch wichtig, konkrete Beispiele für das Verhalten oder die Situationen zu besprechen, die den Konflikt ausgelöst haben. Dadurch können beide Seiten verstehen, wie ihre Handlungen den Konflikt beeinflusst haben. Während des Konfliktgesprächs ist es wichtig, aktiv zuzuhören und auf die Bedürfnisse und Interessen der anderen Partei einzugehen. Es ist auch hilfreich, Lösungen gemeinsam zu erarbeiten, um den Konflikt zu lösen. Dabei sollten beide Parteien Kompromisse eingehen, um eine für alle Beteiligten akzeptable Lösung zu finden.

Es ist auch wichtig, eine Vereinbarung zu treffen und diese schriftlich festzuhalten. Dies dient dazu, die getroffenen Vereinbarungen zu dokumentieren und sicherzustellen, dass alle Parteien ihre Verantwortung übernehmen. Die Vereinbarung sollte auch eine Überprüfung beinhalten, um sicherzustellen, dass der Konflikt tatsächlich gelöst wurde und keine weiteren Maßnahmen erforderlich sind.

13.2 Die Vorbereitung von Personalgesprächen

Personalgespräche sind Führungsaufgabe und sollten daher nicht delegiert werden. Ein ernstes Interesse an seinen Mitarbeiterys ist Voraussetzung für ein guten Führungsverhalten. Wer Personalgespräche lediglich als lästige Pflichtaufgabe und nicht als Chance für einen konstruktiven Austausch sieht, sollte sein Verständnis der Rolle einer Führungskraft hinterfragen. Personalgespräche bieten die Gelegenheit um über Leistungen, Ziele, Stärken und Schwächen zu sprechen. Es ist eine Möglichkeit, Feedback zu geben und Fragen zu beantworten, die auch Mitarbeiterys möglicherweise haben. Eine gute Vorbereitung auf Personalgespräche ist von entscheidender Bedeutung, um erfolgreich zu sein. Die wesentlichen Aspekte sind die organisatorische, die inhaltliche und die emotionale Vorbereitung.

13.2.1 Organisatorische Vorbereitung

Mitarbeitergespräche gehen über die alltägliche Kommunikation hinaus und sollten nicht zwischen Tür und Angel stattfinden. Einen angemessenen Rahmen für das Gespräch ist wichtig. Dazu sollte ein Termin festgelegt und kommuniziert werden. Man sollte den Mitarbeiterys Zeit geben sich auf das Gespräch vorzubereiten und sie mindestens zehn Tage im Voraus informieren. Am Gesprächstag selbst sollte kein Zeitdruck herrschen, damit man in Ruhe sprechen kann. Um zum Ende des Gesprächs nicht in Stress wegen eines Anschlusstermins zu geraten, sollte ein ausreichender Puffer eingeplant werden.

Ist ein passender Termin gefunden, sollte als nächstes ein geeigneter Ort ausgewählt werden. Natürlich kann ein Mitarbeitergespräch im eigenen Büro, in einem Besprechungsraum oder, wenn es zweckdienlich ist auch am Arbeitsplatz des Mitarbeitery stattfinden. Um eine angenehme Atmosphäre zu schaffen, eignen sich aber auch ein Spaziergang oder ein gemeinsames Essen. Wie auch immer die Wahl des Ortes ausfällt, eine Unterbrechung durch Außenstehende sollte in jedem Fall ausgeschlossen sein.

Normalerweise handelt es sich bei Mitarbeitergesprächen um vertrauliche Vier-Augen-Situationen. Unter bestimmten Gegebenheiten sollte aus rechtlichen Gründen ein Mitglied der Personalabteilung anwesend sein. Wenn beide Gesprächsteilnehmer einverstanden sind, können Dritte mit der eventuell nötigen Protokollführung beauftragt werden.

13.2.2 Inhaltliche Vorbereitung

Die fachliche bzw. inhaltliche Vorbereitung kann sich je nach Art des Mitarbeitergesprächs unterscheiden. Ein Gesprächsziel zu formulieren ist hilfreich, denn schon vor Gesprächsbeginn zu wissen, wo man hinmöchte, wird die Wahrscheinlichkeit erhöhen dieses Ziel auch zu erreichen.

Der Blick in die Personalakte schadet nie. Man sollte sich auch Protokolle früherer Gespräche, den Arbeitsvertrag und gegebenenfalls vorhandene Beurteilungen ansehen. Eine gute Führungskraft macht sich das ganze Jahr über Notizen, um zum einen den Entwicklungsverlauf eines Mitarbeitery verfolgen zu können, zum anderen sind diese Notizen aber auch hilfreich, um sich auf ein Mitarbeitergespräch vorzubereiten. So können Ereignisse in Gedächtnis gerufen werden die schon etwas länger zurückliegen.

Manchmal ist es hilfreich, dass Gesagte zu visualisieren. Man sollte sich also auch Gedanken darüber machen, was man wie aufzeigen möchte. Ist der Monitor des Rechners ausreichend? Sind Papier und Stift ok oder müssen ein Beamer oder vielleicht sogar Musterobjekte organisiert werden? Das sind Fragen, die man sich in der Vorbereitung stellen sollte.

13.2.3 Emotionale Vorbereitung

Neben der organisatorischen und der inhaltlichen Vorbereitung ist es für ein zielführendes Gespräch mindestens genauso wichtig, die Mitarbeiterys als ganzheitliche Menschen wahrzunehmen. Vor allem, wenn man sich noch nicht gut kennen, sollten dieser Aspekt nicht unterschätzt werden.

Zu wissen welche Hobbys und Interessen ein Mitarbeitery hat hilft einen Einstieg in das Gespräch zu finden. Zu wissen, ob gegebenenfalls das private Umfeld gerade Herausforderungen bietet, kann zum Teil erklären warum ein Mitarbeitery nicht wie gewohnt agiert bzw. die Leistungen anders ausfallen. Man sollte bei der Recherche aber bedenken, dass es keinerlei Verpflichtung gibt Auskunft in Bezug auf das Privatleben zu geben. Aus Datenschutz- und Höflichkeitsgründen sollten man unbedingt dezent bleiben.

13.3 Die Durchführung von Personalgesprächen
13.3.1 Der Ablauf

Personalgesprächen werden typischerweise in drei Phasen unterteilt, den Gesprächsbeginn, den Hauptteil und den Gesprächsabschluss.

Der Gesprächsbeginn als erste Phase des Mitarbeitergesprächs dient dazu, eine angenehme und offene Gesprächsatmosphäre zu schaffen. Du beginnst das Gespräch, mit einer freundlichen Begrüßung, dem Fragen nach dem Befinden und eventuell der Nachfrage zu etwas privatem aus dem Bereich Familie, Hobby oder Interessen. Letzteres sollte nur in Betracht gezogen werden, wenn die Beziehungsebene dies auch erlaubt. Die Einstimmungsphase sollte zwar nicht zu kurz ausfallen, du solltest aber zügig das eigentliche Anliegen zum Ausdruck bringen.

Mit dem Hauptteil beginnt das eigentliche Mitarbeitergespräch. Es bietet sich an zuerst die aktuelle Situation zu analysieren. Dafür blickst du auf das bisher Erreichte und bespricht was seit dem letzten Gespräch gemeinsam erreicht wurde und welche Herausforderungen noch zu bewältigen sind. Bezugnehmend darauf, kannst du ein Feedback geben. Du solltest dabei nicht nur die fachlichen Aspekte betrachten, sondern auch auf die sozialen Kompetenzen eingehen. Auch kritische Punkte müssen angesprochen werden.

Geht es dir darum konkret etwas zu erarbeiten oder zu verändern ist jetzt der Punkt, an dem du gemeinsam mit deinem Mitarbeitery einen Weg für das weitere Vorgehen entwickelt. Hier ist es besonders wichtig den Mitarbeitery aktiv einzubeziehen. Oft sind Mitarbeiterys viel näher an den eigentlichen Aufgaben und können nicht selten mit kreativen Vorschlägen aufwarten.

Entwicklungsmöglichkeiten sollten ebenfalls in einem Mitarbeitergespräch besprochen werden, wenn es der Rahmen zulässt. Hier bietet es sich an zuerst zu erfahren, was ein Mitarbeitery erreichen möchte. Ihr solltet auch hier gemeinsam überlegen welche Aufgaben und Projekte aktuell oder in naher Zukunft zu erledigen sind und ob gegebenenfalls das beiderseitige Interesse besteht, diese Aufgabe oder das Projekt bei dem Mitarbeitery zu platzieren. Als Führungskraft solltest du sich nicht scheuen auch an dieser Stelle des Gesprächs dem Mitarbeitery zu sagen für welche Aufgaben du aktuell eine Eignung siehst und wo noch nicht. In beiden Fällen solltest du eine ausführliche Erklärung geben.

Im letzten Teil des Mitarbeitergesprächs geht es darum, eine Zusammenfassung der besprochenen Punkte zu geben und das Gespräch ausklingen zu lassen. Sollte es eine Zielvereinbarung geben, können größere Punkte jetzt in Teilziele runtergebrochen werden, für die mit möglichst konkreten Fristen ein Erledigungstermin hinterlegt wird. Falls kein Protokoll geführt wurde, sollten unbedingt die wichtigsten Punkte schriftlich festgehalten und deren Umsetzung damit bindend gemacht werden.

Nun, wo der offizielle Teil des Gesprächs beendet wurde, solltest du nicht sofort fluchtartig den Raum verlassen. Smalltalk kann dazu beitragen, die Beziehung zu stärken und das Vertrauen aufzubauen. Durch den informellen Austausch über persönliche Interessen und Erfahrungen kannst du deinen Mitarbeitery besser kennenlernen und eine positive Arbeitsbeziehung aufbauen.

13.3.2 Aktives Zuhören und Fragetechniken

Beim aktiven Zuhören geht es darum, dem Gesprächspartner aufmerksam zuzuhören, um zu verstehen, was er sagt und wie er sich fühlt. Der Zweck des aktiven Zuhörens besteht darin, eine bessere Kommunikation zu gewährleisten und sicherzustellen, dass der Gesprächspartner sich verstanden und gehört fühlt. Um aktiv zuzuhören, sind verschiedene Techniken hilfreich. Du solltest dem Mitarbeitery während des Gesprächs in die Augen schauen, um zu zeigen, dass du aufmerksam zuhörst. Verständnisfragen wie "Könnten Sie das bitte näher erläutern?" oder "Habe ich Sie richtig verstanden, dass ...?" können helfen, Missverständnisse zu vermeiden und sicherzustellen, dass ihr beide auf derselben Seite seid.

Eine weitere wichtige Technik ist das Zusammenfassen der Aussagen des Mitarbeitery, um sicherzustellen, dass du dessen Anliegen und Bedürfnisse richtig verstanden hat. Durch eine positive Körpersprache, wie zum Beispiel aufrecht sitzen und Blickkontakt halten, kannst du das Vertrauen des Mitarbeitery gewinnen und eine offene und konstruktive Kommunikation fördern. Fragetechniken können hilfreich sein, um eine offene und konstruktive Kommunikation zwischen dir und dem Mitarbeitery zu fördern und sicherzustellen, dass der Mitarbeitery seine Anliegen und Bedürfnisse effektiv ausdrücken kann. Hier sind einige Fragetechniken, die in einem dabei hilfreich sein können.

<u>Offene Fragen</u> ermutigen den Mitarbeitery, seine Gedanken und Gefühle ausführlich darzulegen. Sie beginnen typischerweise mit "Wie?", "Was?", "Warum?" oder "Können Sie mir mehr darüber erzählen?". Indem du offene Fragen stellst, erhältst du mehr Informationen und kannst das Gespräch gezielter führen.

<u>Geschlossene Fragen</u> werden typischerweise mit "Ja" oder "Nein" beantwortet und können hilfreich sein, um bestimmte Informationen zu klären oder spezifische Punkte zu klären. Du solltest jedoch darauf achten, nicht zu viele geschlossene Fragen zu stellen, da diese den Mitarbeitery einschränken und es dazu führen kann, dass nicht alle relevanten Informationen mitgeteilt werden.

Nachfragen sind hilfreich, um sicherzustellen, dass du die Aussagen des Mitarbeitery verstehst und um weitere Informationen zu erhalten. Indem du gezielt nachfragst, kannst du sicherstellen, dass die Aussagen des Mitarbeitery korrekt verstanden wurde und dass so das eine oder andere Missverständnis gar nicht erst entsteht.

Spiegelnde Fragen wiederholen im Wesentlichen die Aussagen des Mitarbeitery und helfen ebenfalls dabei sicherzustellen, dass du die Aussagen des Mitarbeitery richtig verstehst. Du kannst beispielsweise sagen: "Wenn ich Sie richtig verstehe, fühlen Sie sich aufgrund der Arbeitsbelastung gestresst und überfordert. Ist das richtig?"

Hypothetische Fragen können hilfreich sein, um dem Mitarbeitery zu helfen, potenzielle Lösungen für Probleme zu entwickeln. Eine typische Frage könnte hier sein: "Was würden Sie tun, wenn Sie mehr Unterstützung bei der Arbeit benötigen würden?"

13.4 Die Nachbereitung von Personalgesprächen

Die Dokumentation und Nachbereitung eines Personalgesprächs sind wichtige Schritte, um sicherzustellen, dass alle besprochenen Themen und Vereinbarungen klar und nachvollziehbar festgehalten werden. Meine Empfehlung hier ist, alle wichtigen Punkte schriftlich zu dokumentieren. Du solltest probieren bereits während des Gesprächs alle wichtigen Punkte wie Zielvereinbarungen, Feedback und Kritikpunkte sowie mögliche Maßnahmen aufzunehmen. Ergibt sich während des Gesprächs keine Möglichkeit, die Punkte schriftlich festzuhalten, ist es wichtig, die Dokumentation möglichst zeitnah nach dem Gespräch anzufertigen, um sicherzustellen, dass alle Details noch frisch in Erinnerung sind.

Während der Dokumentation solltest du darauf achten, alle Informationen so genau wie möglich festzuhalten, um später keine Missverständnisse aufkommen zu lassen. Ich empfehle hier klare Formulierungen zu verwenden und allgemeine oder vage Aussagen zu vermeiden. Die Dokumentation des Personalgesprächs sollte vor allem Folgendes enthalten:

1. Datum und Uhrzeit des Gesprächs
2. Name und Position von Vorgesetzty und Mitarbeitery
3. Der Grund für das Gespräch und die Themen, die besprochen wurden
4. Eine Zusammenfassung der Diskussionen, einschließlich der wichtigsten Punkte und Ergebnisse
5. Getroffene Maßnahmen sowie die Bedingungen und Fristen für deren Umsetzung
6. Aktionspunkte und Verantwortlichkeiten für beide Parteien
7. Nächste Schritte, einschließlich möglicher weiterer Termine für weitere Diskussionen oder Überprüfungen

Es ist wichtig, dass die Maßnahmen, die im Gespräch vereinbart wurden, realistisch und erreichbar sind. Mögliche Konsequenzen sollten ebenfalls schriftlich festgehalten werden, falls die getroffenen Vereinbarungen nicht eingehalten werden. Durch die Dokumentation der Konsequenzen wird eine klare Erwartungshaltung für die betroffene Person geschaffen. So machst du deutlich, welche Konsequenzen eintreten werden, wenn die vereinbarten Ziele oder Maßnahmen nicht erreicht oder umgesetzt werden. Damit wird die Wahrscheinlichkeit verringert, dass Missverständnisse oder unterschiedliche Interpretationen der Vereinbarungen entstehen. Schließlich kann eine Dokumentation der Konsequenzen auch rechtliche Aspekte berücksichtigen. Wenn eine betroffene Person zum Beispiel gegen eine Kündigung oder eine Abmahnung vorgeht, kann dir die Dokumentation als Nachweis für getroffenen Absprachen und die möglichen Konsequenzen dienen. Das ist jetzt ein Extremfall. In der Regel laufen die Gespräche ohne Probleme. Und folgen doch einmal Einsprüche oder Diskussionen, kannst du denen mit einer guten Dokumentation auf sachlicher Ebene begegnen.

Eine Kopie des Protokolls solltest du auch deinem Mitarbeitery zur Verfügung stellen, um sicherzustellen, dass alle Punkte klar verstanden wurden und später bei Bedarf darauf zurückgegriffen werden kann. Eine gründliche Nachbereitung des Gesprächs trägt dazu bei, eine offene und vertrauensvolle Beziehung aufrechtzuerhalten und die Kommunikation zu verbessern.

Das Nachhalten und Überprüfen der Umsetzung von Maßnahmen ist zudem ein wichtiger Schritt, um zu prüfen, ob ein Mitarbeitery auf dem richtigen Weg ist und dass die Maßnahmen noch immer relevant sind. Um sicherzustellen, dass die Maßnahmen effektiv sind, solltest du dich daher regelmäßig über den aktuellen Stand informieren. Dies kann durch Gespräche, Berichte oder Beobachtungen erfolgen. Wenn sich herausstellt, dass eine Maßnahme nicht umsetzbar oder nicht mehr relevant ist, sollten umgehend alternative Lösungen gefunden werden.

Es ist auch hier wichtig, dass ein Mitarbeitery mit einbezogen wird, um sicherzustellen, dass deine Unterstützung wahrgenommen wird und dass die Maßnahmen für sie geeignet sind. Es kann auch hilfreich sein, Feedback von anderen Personen, wie Kollegys oder anderen Vorgesetztys, einzuholen, um eine umfassendere Perspektive auf die Wirksamkeit der Maßnahmen zu erhalten.

13.5 Praktische Tipps und Tools

13.5.1 Eine Checkliste für die Vorbereitung von Personalgesprächen

1. <u>Zielsetzung</u>: Formuliere ein klares Ziel des Gesprächs. Was möchtest du erreichen? Welche Themen willst du besprechen? Notieren die wichtigsten Punkte.
2. <u>Unterlagen</u>: Stelle sicher, dass du alle relevanten Unterlagen vorliegen hast, die du für das Gespräch benötigst. Dazu können beispielsweise die letzten Leistungsbeurteilungen, der Arbeitsvertrag, Gehaltsabrechnungen und andere Dokumente gehören.
3. <u>Terminvereinbarung</u>: Vereinbare einen Termin für das Gespräch und informieren den Gesprächspartner rechtzeitig darüber.
4. <u>Vorbereitung des Gesprächspartners</u>: Informiere deinen Gesprächspartner darüber, was du erwartest und gib ihm die Möglichkeit, sich ebenfalls auf das Gespräch vorzubereiten.

5. Raum: Stelle sicher, dass der Raum, in dem das Gespräch stattfindet, angenehm und störungsfrei ist. Sorge dafür, dass keine Ablenkungen wie Telefonate oder E-Mails das Gespräch stören.
6. Gesprächsleitfaden: Erstelle einen Gesprächsleitfaden, der alle wichtigen Themen und Fragen enthält, die du besprechen möchtest. Dies kann helfen, das Gespräch strukturiert zu führen, auch wenn es etwas stressiger wird.
7. Vorbereitung auf schwierige Fragen: Überlege dir im Vorfeld, welche schwierigen Fragen aufkommen könnten und geeignete Antworten. Auch das kann dir helfen in einer Stresssituation ruhig zu antworten.
8. Feedback: Bereite Feedback vor, dass du dem Gesprächspartner geben möchtest. Achte dabei darauf, dass das Feedback konstruktiv und hilfreich ist.
9. Zielvereinbarungen: Überlege dir schon vor dem Gespräch mögliche Zielvereinbarungen.
10. Abschluss: Stelle sicher, dass das Gespräch in einer angenehmen Atmosphäre endet und dass alle offenen Fragen geklärt wurden. Vereinbare gegebenenfalls einen Folgetermine und halte das Gesprächsergebnis schriftlich fest.

13.5.2 Ein beispielhafter Gesprächsleitfaden

1. Begrüßung und Einleitung: Beginne das Gespräch mit einer freundlichen Begrüßung und einer kurzen Einleitung, um das Ziel des Gesprächs zu erläutern und dem Mitarbeitery positiv auf das Gespräch einzustimmen.
2. Feedback geben: Gib dem Mitarbeitery Feedback über seine Leistungen und seine Entwicklung seit dem letzten Gespräch. Erkläre was gut läuft und was verbessert werden kann. Benenne wenn möglich konkrete Beispiele.
3. Zielsetzung: Setze gemeinsam mit dem Mitarbeitery Ziele. Sie sollten realistisch, messbar und erreichbar sein. Vereinbare auch einen Zeitrahmen und die notwendigen Schritte, um die Ziele zu erreichen.

4. Entwicklungsmöglichkeiten: Sprich mit dem Mitarbeitery über seine Karriereziele und seine Wünsche zur beruflichen Weiterentwicklung. Diskutiere welche Möglichkeiten das Unternehmen bietet und welche Schritte unternommen werden müssen, um diese Ziele zu erreichen.
5. Arbeitsbedingungen: Sprich mit dem Mitarbeitery über seine Arbeitsbedingungen und seine Zufriedenheit mit dem Job. Frag, ob es bestimmte Verbesserungen gibt, die gemacht werden könnten, um die Arbeitssituation zu verbessern.
6. Zusammenfassung und Vereinbarungen: Fasse das Gespräch zusammen und notieren die vereinbarten Ziele und Maßnahmen. Stelle sicher, dass beide Seiten sich einig sind und dass der Mitarbeitery versteht, welche Schritte unternommen werden müssen, um die Ziele zu erreichen. Vereinbare direkt einen Termin für das nächste Gespräch. Das muss jetzt nicht ein genaues Datum sein. Es sollte aber klar sein, ob es in ein paar Tagen, Wochen oder Monaten stattfinden soll.
7. Abschluss: Bedanke dich für das Gespräch und ermutigen das Mitarbeitery, Fragen zu stellen oder weitere Themen anzusprechen, wenn dies gewünscht ist.

Dieser Leitfaden muss nach Bedarf angepasst werden, um den spezifischen Anforderungen und Zielen des Bereichs oder des Mitarbeitery gerecht zu werden. Wenn dir weitere Punkte wichtig sind, schreibe sie dazu. Ein solcher Leitfaden ist kein starres Konstrukt und du solltest dich mit deiner Persönlichkeit in ihm wiederfinden. Authentizität ist genauso wichtig wie eine gute Vorbereitung.

13.5.3 Ein beispielhaftes Gesprächsprotokoll

Datum: 2. März 2023

Ort: Konferenzraum 3

Anwesend: Frau Meier (Führungskraft), Herr Schulze (Mitarbeiter)

Ziel des Gesprächs: Leistungsbeurteilung und Zielsetzung für das laufende Jahr

Zusammenfassung des Feedbacks:

Frau Meier lobt Herrn Schulze für seine hervorragende Arbeit im letzten Jahr. Sie betont seine Pünktlichkeit, Zuverlässigkeit und hohen Arbeitsstandard. Sie hebt ausdrücklich hervor, dass er in der Lage war, effektiv mit anderen Abteilungen zusammenzuarbeiten.

Vereinbarte Ziele und Maßnahmen:

Frau Meier schlägt vor, dass Herr Schulze seine Fähigkeiten in Projektmanagement und Präsentationen weiter verbessert, um bei der nächsten Projektvergabe berücksichtigt zu werden. Sie schlägt auch vor, dass er an einem Führungskräftetraining teilnimmt, um seine Führungsfähigkeiten zu verbessern.

Herr Schulze stimmt zu und schlägt vor, dass er sich auch auf das Erlernen neuer Technologien konzentriert, um seine Kenntnisse in diesem Bereich zu erweitern.

Zeitrahmen und Schritte:

Herr Schulze wird innerhalb des nächsten Quartals ein Schulungskonzept vorbereitet, das seine Fortschritte und Fähigkeiten in den genannten Bereichen beschreibt. Es ist geplant, monatliche Überprüfungen durchzuführen, um seine Fortschritte zu überwachen.

Vereinbarungen über Schulungen oder andere Ressourcen:

Frau Meier wird Herrn Schulze bis zum 10. März 2023 Informationen zu den nächsten verfügbaren Schulungen und Kursen geben, um seine Fähigkeiten und Kenntnisse in den genannten Bereichen zu verbessern. Er erhält dafür ein Budget von 3.200, - €.

Diskutierte Themen und Bedenken:

Herr Schulze spricht einige Bedenken über die Arbeitsbelastung an und bittet um Unterstützung, um seine Aufgaben besser zu priorisieren. Frau Meier erklärt, dass sie ihn dabei unterstützen wird, seine Aufgabenliste zu priorisieren.

Abschlussbemerkungen und nächste Schritte:

Frau Meier und Herr Schulze stimmen zu, dass das nächste Leistungsbeurteilungsgespräch in sechs Monaten stattfinden wird. Herr Schulze bedankt sich bei Frau Meier für das konstruktive Feedback und ihre Unterstützung bei der Zielsetzung.

Unterschrift von Frau Meier / Unterschrift von Herrn Schulze

13.5.4 Empfehlungen für die erfolgreiche Umsetzung von Personalgesprächen

Sowohl du als auch dein Mitarbeitery sollten sich vor dem Gespräch ausreichend vorbereiten, indem ihr euch über das Thema des Gesprächs und die zu besprechenden Punkte im Klaren seid. Du solltest auch sicherstellen, dass du über alle relevanten Informationen und Dokumente verfügst, um das Gespräch effektiv zu gestalten.

Es ist wichtig, dass beide Parteien offen und ehrlich kommunizieren und ihr euch die Zeit nehmt, zuzuhören und Fragen zu stellen. Eine offene Kommunikation fördert das Vertrauen und trägt dazu bei, eine produktive und harmonische Arbeitsbeziehung aufrechtzuerhalten.

Feedback sollte immer konstruktiv und sachlich sein und sich auf spezifische Beobachtungen und Ereignisse beziehen. Es ist wichtig, dass Feedback als Chance zur Verbesserung angesehen wird, anstatt als Kritik oder Angriff.

Definiere klare und messbare Ziele, die im Einklang mit den Geschäftszielen des Unternehmens stehen und die Fähigkeiten und Stärken deines Mitarbeiterys berücksichtigen.

Das Gespräch sollte schriftlich dokumentiert und sichergestellt werden, dass alle Parteien eine Kopie erhalten. Es sollte ein Follow-up-Gespräch zu vereinbaren, um den Fortschritt zu überprüfen und gegebenenfalls Anpassungen vorzunehmen.

14. Fazit und Ausblick

14.1 Zusammenfassung der wichtigsten Erkenntnisse

Das Thema Kompetenzmanagement ist ein wichtiger Aspekt für Unternehmen, um ihre Mitarbeiterys gezielt weiterzuentwickeln und somit den Unternehmenserfolg zu steigern. Dabei spielen die Identifikation, Bewertung und Entwicklung der individuellen Kompetenzen eine entscheidende Rolle.

Eine wichtige Voraussetzung für eine erfolgreiche Implementierung des Kompetenzmanagements ist das Erstellen eines umfassenden Kompetenzkatalogs. Dieser umfasst alle relevanten Kompetenzen, die für die jeweiligen Tätigkeiten im Unternehmen erforderlich sind. Eine klare und präzise Definition der Kompetenzen ermöglicht es den Mitarbeiterys, ihre Stärken und Schwächen zu identifizieren und gezielt an ihrer Weiterentwicklung zu arbeiten.

Ein wesentlicher Bestandteil des Kompetenzmanagements ist die Erstellung von Kompetenz- und Anforderungsprofilen. Diese sollten präzise und aussagekräftig sein und alle relevanten Kompetenzen und Fähigkeiten der Mitarbeiterys sowie die Anforderungen der Arbeitsaufgaben und -prozesse abdecken. Es ist wichtig, dass die Kompetenz- und Anforderungsprofile regelmäßig aktualisiert und überarbeitet werden, um sicherzustellen, dass sie immer den aktuellen Anforderungen entsprechen.

Die Implementierung von Kompetenzmanagement-Software kann dabei helfen, den Prozess zu optimieren und zu vereinfachen. Hierbei sind jedoch eine sorgfältige Planung und Kommunikation unerlässlich. Insbesondere die frühzeitige Einbindung der Mitarbeiterys sowie die transparente Darstellung des Nutzens und der Ziele des Kompetenzmanagements können dazu beitragen, Widerstände und Vorbehalte abzubauen.

Kompetenzmanagement bietet Unternehmen die Möglichkeit, die Stärken und Potenziale ihrer Mitarbeiterys gezielt zu fördern und somit den Unternehmenserfolg langfristig zu steigern.

14.2 Ausblick auf zukünftige Entwicklungen im Kompetenzmanagement

In den kommenden Jahren wird die Bedeutung des Kompetenzmanagements in Unternehmen weiter zunehmen. Die rasante Veränderung von Arbeitsprozessen und Anforderungen erfordert eine ständige Überprüfung der Kompetenzen der Mitarbeiterys und eine gezielte Weiterbildung, um die Wettbewerbsfähigkeit des Unternehmens zu sichern. Die zunehmende Digitalisierung und Automatisierung von Arbeitsprozessen führt unter anderem zu einer Verlagerung der Kompetenzanforderungen von rein manuellen Tätigkeiten hin zu digitalen und technischen Fähigkeiten. Dies bedeutet nicht, dass es zukünftig keine manuellen Tätigkeiten mehr geben wird. Anforderungsprofile in fertigungsnahen Bereichen werden aber zunehmend um digitale Fähigkeiten erweitert werden müssen.

Ein wichtiger Faktor für die zukünftige Entwicklung im Kompetenzmanagement wird die steigende Bedeutung von künstlicher Intelligenz und Big Data sein. Künstliche Intelligenz kann dabei helfen, die Kompetenzen von Mitarbeiterys automatisch zu identifizieren und zu bewerten, was eine effizientere und präzisere Kompetenzanalyse ermöglicht. Gleichzeitig können Big Data-Analysen dazu beitragen, Entwicklungsbedarfe und Trends frühzeitig zu erkennen und gezielt zu reagieren.

Ein weiterer Trend ist die zunehmende Personalisierung. Durch die Einführung von individuellen Kompetenz- und Entwicklungsplänen können Mitarbeiterys gezielt gefördert werden, um ihre individuellen Stärken und Potenziale optimal auszuschöpfen. Dabei kommt auch die Bedeutung von Anforderungs- und Kompetenzprofilen zum Tragen, um eine zielgerichtete und bedarfsgerechte Weiterbildung zu ermöglichen.

Die Implementierung von Kompetenzmanagement-Software wird in Zukunft noch wichtiger werden, um eine effiziente und transparente Verwaltung der Kompetenzen von Mitarbeiterys zu gewährleisten.

Milton Keynes UK
Ingram Content Group UK Ltd.
UKHW021357011224
451693UK00012B/881